AF453313

MA TANTE

GENEVIÈVE,

OU

JE L'AI ÉCHAPPÉ BELLE.

oh! ma bonne, ne nous dérangez donc pas

MA TANTE

GENEVIÈVE,

OU

JE L'AI ÉCHAPPÉ BELLE;

PAR DO.....Y.

TOME SECOND.

Avec figures.

Je me trouve mariée, veuve,
et encore fille.

A PARIS,

Chez BARBA, libraire, Maison-Égalité, galerie
derrière le théâtre de la République, n° 51.

AN IX. 1800.

MA TANTE GENEVIÈVE.

CHAPITRE XIII.

Monsieur de Lafleur me place chez un peintre.

MA tante me remmena donc chez elle, me racontant en chemin l'histoire de son lavement, que je savais déjà; mais ce que je ne savais pas, c'était que cet événement (qu'elle regardait bien sérieusement comme miraculeux ou comme diabolique...... mais qu'elle inclinait plus volontiers à attribuer au diable, à cause des suites fâcheuses qui en résultaient pour elle) lui faisait beaucoup de tort. Tous les particuliers, craignant la répétition de cet enlèvement anodin, n'osaient plus recevoir de remèdes de sa main : elle était donc d'autant plus fâchée de ma sortie de condition, que tous les postérieurs paraissant se refuser à ses travaux, elle n'aurait plus les moyens d'alimenter deux bouches. Cette triste et véritable réflexion me pénétra.

Arrivées chez elle, un des premiers effets de sa pénurie fut l'obligation de nous coucher sans souper; heureusement nous n'en avions pas besoin, vu les à-comptes que nous avions pris avec les clercs : mais le lendemain matin, nos estomacs commençaient à nous demander quelque chose à toutes deux.... Nous avions auparavant pour habitude de nous les garnir chacune d'une bonne écuellée de café au lait, que ma tante savait très-bien faire...... et on connaît la force des habitudes ! Nous regardions toutes deux, en soupirant, le poëlon de cuivre qui était accroché au beau milieu du devant de la cheminée.......... Mais ma tante, me montrant sa seringue suspendue à côté de lui, me disait douloureusement : « Hélas ! ma chère nièce,

» l'une faisait aller l'autre , et nous
» vivions de ses produits : c'était en
» vidant celle — ci , que je remplissais
» celui-là..... Elle ne travaille plus , il
» faut donc aussi qu'il se repose » !

La conséquence était bien juste ; mais
les suites n'en étaient pas moins désa-
gréables. On peut se passer de déjeûner...
mais la journée est longue , et le repas
que l'on perd le matin , même encore
celui de midi , exigent doublement des
intérêts pour celui du soir. Cette perspec-
tive était effrayante , et nous n'avions le
sou ni l'une ni l'autre.

Dans cette cruelle extrémité , ma tante
eut une inspiration. Sans me rien dire ,
elle s'habilla avec un flegme philosophique que je ne pouvais m'empêcher
d'admirer... Sa modeste toilette achevée,
elle dépend la seringue d'un air déter-
miné , l'enveloppe en la baisant avec
tendresse et respect , puis avance vers
la porte , et va pour sortir......

« Où allez—vous donc , ma bonne

» tante » ? lui dis – je toute étonnée, puisqu'elle venait de m'avouer qu'elle n'avait plus de pratiques.

« Sois tranquille, Suzon, me répondit-
» elle d'un ton ferme et décidé, aux
» grands maux les grands remèdes.
» Nous déjeûnerons encore aujourd'hui :
» le café au lait soutient; c'est une vieille
» *accoutumance* que j'ai, à laquelle je
» ne puis renoncer. Je peux me priver
» de dîner, même de souper; mais je
» veux déjeûner, et je déjeûnerai. C'est
» aujourd'hui le lendemain d'une fête de
» communauté...... Il y a eu hier des
» orgies, de grands repas.... il n'est pas
» possible qu'il n'en soit résulté quelques
» bonnes indigestions. Je vais encore
» faire des visites chez plusieurs gros
» bénéficiers de mes anciennes prati-
» ques, pour voir si, heureusement,
» quelqu'un d'eux n'aurait pas besoin
» de mes secours. Si le bon Dieu veut
» que deux ou trois seulement me pas-
» sent par les mains, voilà notre café

» tout fait..... Si le diable au contraire
» a permis que tout ce monde-là ait été
» sobre hier, et se porte bien aujour-
» d'hui...... si ma seringue, cet instru-
» ment jadis si assuré de ma subsistance,
» ne peut plus m'être d'aucune utilité....
» je sais faire des sacrifices......... je ne
» tiens plus à rien dans le monde..... je
» vais la vendre, et du moins, en se
» séparant de moi, elle nous procurera
» encore un dernier repas !......... Nous
» aurons le reste de la journée pour
» aviser au parti que nous prendrons
» pour demain..... Allume de la braise,
» et de façon ou d'autre, nous prendrons
» encore aujourd'hui du café au lait »....

Elle sortit..... A peine était-elle à cent
pas, que monsieur de Lafleur entra. Il
venait de chez le procureur. Il avait
appris, par les commères du quartier,
une partie de ce qui s'était passé chez
lui la veille....... Car si les événemens
scandaleux, quoique cachés, percent et
se divulguent toujours, jugez combien

plus ceux auxquels on donne de la pu-
blicité, doivent se répandre et s'ébruiter !...... Or ces six clercs sortant en
colère et persifflant le procureur et son
épouse, et ma tante ensuite, emmenant
sa nièce, et ne ménageant pas davantage les expressions de la reconnaissance, avaient fourni une ample matière
au bavardage des bonnes voisines.

La fruitière, chez qui monsieur de
Lafleur était entré pour prendre langue,
lui avait débité bien charitablement et le
peu qu'elle savait, et le beaucoup plus
qu'elle supposait. Etant donc informé par
elle que j'étais partie avec ma tante, il
venait m'avertir qu'il n'avait pas encore
de condition pour moi, mais, qu'en attendant, il avait trouvé une occasion
qui me vaudrait mieux que les gages de
la meilleure cuisinière de Paris. Il m'ex-
pliqua que c'était pour aller chez un
peintre très-renommé et très-occupé,
qui faisait des tableaux pour les églises
et les palais des princes; qu'il avait dans

ce moment besoin d'une jeune et jolie personne dont la figure eût un air de vierge, pour lui servir de modèle; qu'il donnait un louis par séance de deux heures; qu'il était persuadé que je ferais son affaire..... et il me proposait de m'y conduire à l'instant.

Oh! comme je regrettai donc alors d'avoir laissé partir la bonne Geneviève pour aller faire le sacrifice de sa seringue, son ancien et respectable gagne-pain..... mais, qui de nous sait lire dans l'avenir...... Enfin je me résignai, en pensant que le sort l'avait ordonné ainsi, et que tout ce qui arrive est apparemment nécessaire par l'enchaînement des causes premières et secondes...... Je me dis, à l'appui de cette réflexion, que la providence qui trouve quelquefois à propos, dans ses décrets *inapprofondables*, de détrôner un monarque, de déplacer un ministre, et de déposséder un riche propriétaire....... en un mot, de faire faire la navette aux royaumes, aux chateaux et

aux bicoques, en les changeant journel-
lement de maîtres, avait sans doute eu
aussi des motifs puissans pour faire passer
la seringue de ma tante en de nouvelles
mains !.......

Je calculai de plus, que le bonheur que
cette même providence m'envoyait, en
me procurant des séances à un louis pour
deux heures, devait bien contrebalancer
la perte de ce tant regrettable et jadis si
utile meuble de ma bonne tante, puisque j'allais me trouver à même de l'en
dédommager en le remplaçant par un
neuf, à l'aide de ce louis que j'allais
gagner, s'il plaisait à Dieu, en deux
heures.

Toutes ces considérations aussi raison-
nables l'une que l'autre, firent succéder
en mon esprit le plaisir au chagrin, et
me déterminèrent à partir sur-le-champ
avec monsieur de Lafleur, pour m'aller
présenter au peintre, mais à la condition
bien expresse que nous ne déjeûnerions
pas en route. La pensée douloureuse que

ma pauvre tante était à la piste derrière vingt malades, pour y trouver son café et le mien, m'aurait fait regarder comme un cas des plus graves, d'oser prendre le moindre aliment, sans le partager avec elle.

Monsieur de Lafleur se rendit à mes justes réflexions : nous partîmes après avoir mis la clef de ma tante chez une voisine, et nous arrivâmes chez le peintre.

Le premier coup d'œil de l'artiste me fut favorable. Il dit à mon conducteur que je lui convenais fort, et lui demanda si j'étais consentante pour le prix qu'il avait annoncé. Sur notre double réponse affirmative, voulant se mettre sur-le-champ à la besogne pour profiter du jour, il congédia monsieur de Lafleur.

Les besoins et la détresse de la pauvre Geneviève ne sortant pas de mon esprit, je me hasardai, pour pouvoir la soulager plus vîte, à prier le peintre de vouloir bien m'avancer un écus de six francs à compte du louis que j'allais gagner, pour l'envoyer à ma tante, qui était dans la plus grande nécessité.

« Je n'ai rien à vous refuser, ma belle » enfant, sur-tout pour un emploi aussi » louable, me dit-il de l'air le plus » gracieux ; en voilà deux au lieu » d'un ».

Alors les remettant à monsieur de Lafleur, je le priai d'aller attendre ma tante, et de les lui donner de ma part, et il sortit.

Sitôt que nous fûmes seuls, le peintre ayant fermé sa porte, afin, disait-il, de n'être pas dérangé une fois qu'il allait être à l'ouvrage, il m'engagea à me mettre en état, et me proposa de m'aider.

Je ne concevais pas trop ce qu'il me voulait dire. « Comment, en état ? est-ce » que je n'y suis pas ? Oh ! il s'en faut ! » reprit-il ; ce n'est pas seulement de » votre figure charmante que j'ai be- » soin, c'est de tout votre corps. Vous » paraissez l'avoir parfaitement beau, et

» cela conviendra admirablement pour
» la *Suzanne* que je dois représenter.

» Suzanne ! m'écriai-je ; eh, mon cher
» monsieur ! c'est justement ma pa-
» tronne ! Je m'appelle Suzon , moi.
» — Eh bien , ma chère Suzon, cela se
» rencontre à merveille , et vous êtes
» tout-à-fait digne de servir de modèle
» pour peindre sa beauté et ses grâces ».

Flattée de ses complimens, et de l'honneur de voir que j'allais servir à représenter une sainte , je lui demandai comment il fallait donc me mettre pour
cela.

« Il faut quitter vos vêtemens. — Quit-
» ter mes vêtemens ! — Oui ; je veux
» peindre Suzanne lorsqu'elle se bai-
» gnait. — Oh mais, monsieur, je ne
» veux pas me baigner, moi ; je crains
» l'eau. — Il n'y en aura pas : laissez-
» vous seulement placer dans l'attitude ;
» voyons, défaites votre casaquin; mon-
» trez-moi vos bras — Oh ! pour mes
» bras, il n'y a pas de mal à ça ; les

» voilà , monsieur. — Qu'ils sont beaux
» et bien moulés !..... et les jambes......
» il faut défaire les bas. — Encore les
» bas ? — Sans doute : Suzanne n'en
» avait certainement pas dans l'eau ».

J'ôtai donc les bas pour ressembler à
ma patronne , et mon peintre de s'exta-
sier de plus en plus..... « Ah ciel ! s'é-
» criait-il , que tout le reste, s'il est
» proportionné , doit donc être enchan-
» teur !........ Allons, ma chère Suzon ,
» quittez à présent cette jupe. — Com-
» ment ! ma jupe aussi !...... ah ! c'est
» trop fort, ça, monsieur ! je n'ôterai
» pas ma jupe. — Mais, mon enfant,
» votre pudeur est déplacée ici : je ne
» suis pas fait pour en abuser; c'est
» notre état de voir ainsi nos modèles,
» et la chaste Suzanne , qui était bien
» aussi scrupuleuse que vous, était toute
» nue au moment où vous devez la re-
» présenter »...... Et il défit les cordons
de ma jupe ; et, par complaisance pour
ma patronne, je le laissai encore faire.

Je n'avais plus que ma chemise , j'é-
tais toute honteuse, et le rouge, me
montant au visage, redoublait encore mes
couleurs naturelles.....

« Oh ! que vous êtes charmante ! me
» dit-il en m'embrassant avec transport ;
» non , jamais la véritable Suzanne ne
» put paraître aussi belle que vous !
» — Oh mais , monsieur , lui dis-je en
» le repoussant, sainte Suzanne ne se
» laissait pas embrasser par les hommes...
» Rassurez-vous , me dit-il en se rap-
» prochant, mon intention n'est que de
» vous admirer et de vous respecter » ;
et , enlevant mon bonnet , il fit tomber
mes longs cheveux noirs , et, les par-
tageant par ondes , les disposa artiste-
ment sur mes épaules et sur ma gorge ,
puis il se reculait pour me contempler.

« Eh bien donc, monsieur, avez-vous
» bientôt fini ? où est donc votre pin-
» ceau ? voyons, puisque vous devez me
» peindre. Il ne tient qu'à vous que
» nous commencions, me dit-il ; quit-

» tez votre chemise , et je vais vous
» poser.

» — Oh ! ciel ! ma chemise !... Ah ! par
» exemple, sainte Suzanne elle-même
» viendrait pour me l'ôter , que je ne la
» laisserais pas faire : je vois bien que
» c'est une attrape.... mais apprenez que
» je ne suis pas venue ici pour me laisser
» affronter » ; et je sautai sur ma jupe et
mon casaquin pour les revêtir au plus
vîte..... mais le peintre , se jetant à mes
genoux, m'assura, me jura, même avec
un air si véritable , que je n'aurais aucu-
nement à me plaindre de lui......... me
conjura si ardemment de ne pas lui faire
perdre, disait-il , l'occasion de faire un
chef-d'œuvre en travaillant d'après un
si parfait modèle..... et me vanta si bien
l'honneur qui m'en reviendrait à moi-
même , que je ne savais plus à quoi me
résoudre.

Alors, me voyant un peu ébranlée, il
ajouta vivement : « Oui , charmante
» Suzon ! croyez que je suis un galant

» homme, et incapable d'abuser de votre
» confiance : je vous ai promis un louis,
» mais vous êtes trop belle, et vous en
» méritez au moins deux; tenez, je vous
» les donne d'avance ». (En mettant
trente-six francs dans la poche de mon
tablier). « Cette petite somme vous ser-
» vira davantage encore à soulager votre
» pauvre tante, pour laquelle vous m'a-
» vez témoigné tant d'attachement ».

Cette dernière raison acheva de me
déterminer : je lui laissai enlever ma
chemise, et restai nue et confuse à ses
regards. Il se précipita sur moi, et cou-
vrant tout mon corps de baisers ardens...
« Que cela ne vous effraye pas, ma
» chère fille, me-dit-il, ce sont les
» derniers effets d'un transport bien par-
» donnable, qui, malgré moi, s'éva-
» porent avant l'ouvrage..... mais, foi
» d'homme d'honneur, vous n'aurez
» plus rien à en appréhender.

Alors il me posa comme il voulait pour
son tableau, et pour aider à mon atti-

tude, il me soutint le corps et les membres avec des rubans blancs, puis il se mit au chevalet et commença à esquisser.

J'avais les yeux fixés sur la pendule, et j'aurais voulu pouvoir précipiter ses mouvemens, tant pour sortir plutôt de l'état indécent où je me voyais devant un homme, que pour porter plus vîte à ma tante le prix de ma complaisance pour sainte Suzanne.

Le peintre me regardait avec enthousiasme, soupirait, quittait ses pinceaux; s'avançait vers moi, se reculait, tournait, m'examinait de tous côtés, et semblait me dévorer des yeux...... Par fois même il me touchait sous prétexte de rectifier ma position.....

Enfin des mouvemens extraordinaires et un frémissement effrayant qui agita toute sa personne, m'inspirèrent une terreur subite, et je m'écriai, toute tremblante :

« O ciel ! que voulez-vous donc faire ?

» et qu'est-ce que la parole d'honneur
» que vous m'avez jurée » ?

Ce cri le fit revenir à lui-même ; il
s'arrêta, et appuyant encore une fois sa
bouche sur mon corps.....

« Vous avez raison, me dit-il, je n'y
» manquerai pas, et votre innocence
» est en sureté ».

Soudain, tirant fortement le cordon
de sa sonnette, il alla replacer la clef
en dehors de la porte, et se remit à
travailler.

Je ne savais que penser de cet appel
de sonnette qu'il venait de faire, mais
je sus bientôt quel en avait été le motif.
Cet homme prudent se défiant de lui-
même en se voyant ainsi seul avec moi,
continuellement excité par la vue de
tous les appas secrets d'une jeune fille,
et ne voulant pas manquer à l'honneur,
appelait ses élèves pour que leur présence servît de correctif à des feux dont
il redoutait la violence. Ils entrèrent
effectivement presqu'aussitôt au nombre

de quatre. Il leur dit de se mettre chacun à son chevalet, et de dessiner d'après
le modèle qu'ils voyaient.

Ces jeunes gens se placèrent donc,
et tous ensemble se mirent à tirer des
copies de mon corps, suivant la diffé-
rente position d'où chacun d'eux pouvait m'observer.

Je ne puis décrire ici, mais le lecteur
peut se faire une idée de la confusion
que je devais éprouver, d'être ainsi toute
nue, attachée et exposée à la vue de
cinq hommes, auxquels, par les différentes positions qu'ils avaient, la moindre partie de mon corps ne pouvait
échapper.

« Ah ! sainte Suzanne, m'écriai-je,
» vous n'avez été vue au bain que de
» deux vieillards, qui vraisemblable-
» ment portaient des lunettes, et encore,
» libre de vos mouvemens, vous pou-
» viez leur dérober ce que vous vouliez
» de votre corps; mais moi je ne puis
» rien cacher à cinq jeunes observa-

» teurs qui ont de bons yeux !..........
» envoyez-moi donc au moins , pour
» préserver mon innocence , le secou-
» rable Daniel qui a fait connaître la
» vôtre ».

Ce que c'est que de prier avec fer-
veur !....... Daniel ne vint pas à mon
aide..... mais la porte, sur laquelle la
clef était restée , s'ouvrit toute grande ,
et ma bonne tante parut.

Je laisse à penser les beaux cris qu'elle
fit à son tour, en m'apercevant dans cet
état de pure nature.

« Ah ! mon doux sauveur, dans quelle
» caverne que je suis donc ici ?..... Et
» vous, misérables dépouilleurs et assas-
» sineurs de monde , est-ce comme ça
» que vous arrangez les jeunes filles ?....
» Est-ce que vous allez donc violer et
» égorger ma pauvre nièce, que la v'là
» déjà liée comme une victime » ? et
elle se jetait sur moi, et coupait d'une
main, avec ses ciseaux, les attaches
qui me retenaient, tandis qu'elle tâchait

à couvrir de l'autre une partie de ma
nudité....

«　Eh! ma bonne, ne nous dérangez
»　donc pas, lui dit le peintre en cou-
»　rant à elle et la retenant, il n'est
»　question ici ni de viol ni de meurtre.
»　Votre nièce a consenti à me servir
»　de modèle pour une sainte Suzanne ;
»　je lui donne deux louis pour cela, et
»　nous la peignons. Voilà tout.

»　Quel beau chien de conte me faites-
»　vous donc là, avec vos saintes Suzanne
»　et vos modèles que vous peignez?....
»　Est—ce qu'il est décent de prendre
»　des jeunes filles pour ça ? Adressez-
»　vous à des femmes faites, à la bonne
»　heure..... Comme v'là moi, par exem-
»　ple. Donnez-moi vos deux louis, et je
»　vous en servirai de modèle pour une
»　Suzanne... et les deux premiers qui vien-
»　dront pour faire les vieillards, je vous
»　leur cognerai la gueule d'importance...
»　Mais pour ma nièce, je ne veux pas
»　qu'elle se laisse voir comme ça.

» Ah , ventrebleu ! le charmant mo-
» dèle pour peindre une chaste Suzanne !
» s'écrièrent, en riant aux éclats, tous les
» jeunes peintres.... Eh ! la bonne mère,
» au lieu de recevoir de l'argent , il vous
» faudrait avoir vous-même deux louis
» à donner à chacun de nous pour faire
» cette belle besogne...... encore à ce
» prix-là vous ne trouveriez pas de
» tireurs.

» Qu'appelez-vous, petits insolens !
» et qu'est-ce que vous voulez dire avec
» vos tireurs ?....

» Ne vous scandalisez pas de leur
» expression , ma chère dame , reprit
» flegmatiquement le maître peintre ;
» en fait de notre art , peindre une
» femme, se dit pour la tirer en portrait...
» Mais laissez-nous finir notre besogne ;
» le temps se passe , et il y aura la moi-
» tié de la séance de perdue. — Oh ! je
» me moque de vos besognes et de vos
» séances ; mais encore une fois, je ne
» veux pas que ma nièce reste ici comme

» ça , à montrer et à faire tirer , comme
» vous dites, des choses.... Fi donc !....
» Allons vîte, rhabillez-vous, mam'selle,
» que je vous remmène.

    » Si vous y êtes absolument décidée,
» madame , reprit toujours poliment le
» peintre, vous êtes maîtresse de vos
» volontés ; mais que votre nièce me
» rende donc les trente - six francs
» que je viens de lui donner, et vous
» aussi les douze qu'elle vous a déjà fait
» remettre.

    » Ah ! les maudits douze francs, s'é-
» cria ma tante, ils sont déjà écorni-
» flés !.... Ma pauvre nièce, j'avais vendu
» ma seringue vingt-quatre sous quand
» monsieur de Lafleur m'a apporté ces
» deux écus-là de ta part. Ne voulant
» pas qu'il fût dit que je ne me séparerais
» qu'à la dernière extrémité d'un outil
» précieux qui nous avait nourries si
» long-temps , j'ai couru pour la rache-
» ter , à quelque prix que ce fût.....
» Le juif renégat qui ne me l'avait payée

» que vingt-quatre sous., n'a voulu me
» la rendre que pour trois livres !....
» Après ça, le café de notre déjeûner
» que j'ai préparé pour nous deux, y
» compris la braise, le lait, le sucre et
» les petits pains, et de la chandelle
» pour ce soir, tout ça m'a encore em-
» porté une trentaine de sous.... sans
» compter trois voies d'eau que j'ai fait
» monter pour couler note lessive, et du
» savon que j'ai acheté, encore !......
» car s't'argent frais-là m'avait retourné
» la cervelle.... et je ne pensais guères
» que c'était comme ça qu'on te le fai-
» sait gagner.... Ah, mon dieu ! mon
» dieu ! comment que j'allons donc faire
» à présent pour le rendre ?

   » Eh mais ! au lieu de le rendre, que
» ne gardez-vous plutôt le surplus ?....
» lui dit le peintre. Mademoiselle n'a
» plus que presqu'une heure pour l'avoir
» gagné légitimement et bien innocem-
» ment. Laissez-la profiter, ainsi que
» vous, de cette bonne occasion......

» que diable, deux louis pour une pe-
» tite heure qui vous reste, c'est de
» l'argent bien facile à gagner, ét vous
» seriez traîtresses à vous-mêmes si vous
» le refusiez !....

» Est—ce que tu avais donc déjà les
» autres trente-six francs, me dit ma
» tante en commençant à adoucir sa
» voix d'un ton de réflexion et de com-
» position ?

» Ma tante, monsieur les a mis dans
» la poche de mon tablier..... Où ils
» sont très-bien, reprit le peintre, et
» où il faut les laisser, croyez-moi.....
» et même revenir une autre fois pour
» gagner encore deux autres louis, et
» que je puisse terminer mon tableau.

» Mais pour cela, demanda ma tante,
» il faut donc que ma nièce remonte
» encore là-dessus, comme elle était,
» et vous fasse voir encore......? Ah !
» Satan ! qu'est-ce que c'est donc que
» la misère et le besoin ? — Mais, ma-
» dame, vous vous formalisez et vous

» chagrinez mal – à – propos : nous en
» voyons tous les jours comme cela.
» C'est pour nous comme des statues,
» et les plus belles filles du monde ne
» risquent et ne perdent rien lorsqu'on
» ne fait que les regarder.

» Allons· donc ; puisqu'il le faut, il
» le faut, dit ma tante, qui, vraiment
» philosophe à sa manière, savait tou-
» jours prendre un parti, et qui d'ail-
» leurs se voyait forcée par l'écornure
» du premier écu..... Je prends donc les
» trente–six francs que v'là, ajouta-
» t-elle en empoignant les écus dans
» mon tablier, et je consens à ce qu'elle
» se remette, et que vous la regardiez
» encore pendant s't'heure-là..... Aussi
» bien, puisque vous avez déjà tout vu,
» vous n'en verrez et n'en saurez tou-
» jours pas davantage. Mais je vas rester
» là aussi, moi, pendant votre belle
» séance de tirage, et le premier qui
» remuera autre chose que son pinceau,
» voilà de quoi lui parler ; et elle fit

C.

» briller à leurs yeux ses grands ci-
» seaux. Dépêchez-vous donc, et ne
» tortillez pas , car v'là la pendule, et
» je ne vous ferai pas grâce d'une mi-
» nute de plus ».

Comme on vit à son air qu'il n'y avait
pas à badiner avec elle, et que le peintre
ne voulait pas perdre le prix de sa
séance ; que d'ailleurs il avait le désir
de nous engager toutes deux à lui en
donner une autre, il sut contenir ses
élèves et employer lui-même utilement
le temps qui lui restait.

L'heure sonnant, Geneviève fut stricte
à crier : « C'est fini. Fermez les yeux.
» A bas les pinceaux ; il n'y a plus rien
» à voir, ni à tirer ».

Je me rhabillai. Le peintre me remercia très-gracieusement , ainsi que
ma tante, et nous invita instamment à
revenir chez lui dans trois jours, ensemble, et au même prix.... Après quelques réflexions et difficultés , ma tante
qui me tenait le bras d'une main , mais

qui de l'autre soupesait et caressait les écus qu'elle avait dans sa poche, promit qu'elle me ramènerait, et nous prîmes congé du peintre, qui me serra une main, et des quatre élèves, qui me lançaient en dessous des œillades.

CHAPITRE XIV.

Monsieur de Lafleur soupe chez ma tante. Nouvelle déclaration de son amour.

MA tante un peu revenue de l'humeur qu'elle avait eue de me voir en sainte Suzanne, et flattée des politesses que le peintre lui avait faites à notre sortie de chez lui, me disait en remuant toujours ses écus : « Encore passe du
» moins quand les gens sont honnêtes,
» et qu'ils s'en tiennent juste à faire
» leur métier. On sait bien qu'il y a de
» toute sorte d'états dans la vie. Celui
» des peintres est de regarder le monde
» par-tout..... Eh ben dame, il faut bien
» qu'ils en vivent, comme moi qui ai
» bien vu des fois aussi ce qu'on cache
» à tous les autres..... Ça n'empêche

» toujours pas qu'on ne soit sage quand
» on le veut..... Oh, oui ! toutes ré-
» flexions faites, il y a plus de profit à
» servir de modèle aux peintres qu'à
» être cuisinière chez un procureur, à
» jouer avec ses clercs, à prendre des
» leçons de broche de monsieur de La-
» fleur, et à recevoir des lavemens du
» petit Anodin. Souviens-toi bien de
» ça, ma chère Suzon. Tous ces gens-là
» ont vu tous tes secrets également, et
» pourtant il n'y a que les yeux du
» peintre qui aient payé leurs regards....
» deux louis pour deux petites heures !
» c'est sainte Suzanne ta bonne patronne,
» qui t'a envoyé cette bonne aubaine-
» là !..... Nous retournerons chez le
» peintre, pas vrai, ma nièce ?

» Eh mais, ma tante, comme vous
» voudrez.... Cependant se mettre toute
» nue comme ça devant le monde !....

» Oui, j'entends ben. La première
» fois ça doit coûter beaucoup ; mais tu
» te souviens de la réflexion que j'ai

» faite moi-même chez lui.... D'abord
» qu'ils ont déjà tout vu, il n'y a plus
» rien de nouveau à présent, ce sera
» toujours la même chose qu'ils verront.

» Oh ! ce n'est pas de me laisser voir
» qui me chiffonne le plus, une fois que
» j'y suis, mais c'est pour me désha-
» biller que ça me fait une confusion
» terrible !.... — Eh bien, écoute, je te
» déshabillerai moi-même derrière un
» paravent que j'ai vu dans la chambre
» du peintre, et tu ne te montreras
» que quand tu seras toute prête; et
» pour que tu ne rougisses pas, je te
» mettrai un mouchoir fin devant les
» yeux ».

A cette double condition-là, je promis
que nous y retournerions.

L'espérance d'avoir encore deux louis
dans trois jours avec si peu de peine,
et peut-être beaucoup d'autres après ceux-
là, rendit à ma tante toute sa gaieté, et
la consola de la diminution continuelle
de ses pratiques. Elle prépara même un

bon souper, et monsieur de Lafleur
étant venu le soir pour savoir des nouvelles de ma séance du matin, ma tante,
par reconnaissance de la bonne pratique
qu'il nous avait procurée, l'invita à nous
tenir compagnie.

Lui qui ne cherchait que les occasions d'être seul avec moi, ne se fit pas
prier long-temps, imaginant bien qu'il
trouverait le moyen d'éloigner Geneviève au moins pour quelques instans.
Il lui dit donc qu'il acceptait volontiers,
mais à condition qu'il paierait le vin,
parce qu'il n'était pas juste que des
femmes régalassent, et il lui mit un
écu dans la main pour aller chercher
trois bouteilles à vingt sous, et de son
choix...

Ma maligne tante, qui avait toujours
sa leçon de broche sur le cœur, pénétra
bien vîte son motif, et me repassant
l'écu tout d'un temps, me dit: « Vas-y,
» Suzon, tu seras plutôt revenue que
» moi; j'ai tant couru aujourd'hui,

» que je ne peux plus me tenir sur mes
» jambes.

» Oh ! ma chère tante, reprit-il, je
» serai bien fâché de votre peine, sans
» doute, et je vous l'épargnerais moi-
» même si j'osais entrer dans un caba-
» ret dans ce quartier-ci, mais c'est
» trop près de chez nous. Monsieur
» l'abbé le saurait, car il y a toujours
» des mauvaises langues qui ne se plai-
» sent qu'à nuire au monde, et cela
» me ferait tort..... D'une autre part,
» les cabaretiers sont si fripons, qu'ils
» tromperont mam'selle Suzon ; ainsi
» vraiment il faut que vous fassiez en-
» core cette petite corvée-là. Pour ne
» pas vous fatiguer, vous irez tout dou-
» cement. Nous avons le temps d'atten-
» dre ; il n'est pas encore l'heure de
» souper.

» Eh bien, puisque vous n'êtes pas
» pressé, riposta ma tante, vous pou-
» vez bien faire la galanterie toute en-
» tière. Allez chercher votre vin vous-

» même dans un autre quartier, pour
» qu'on ne vous connaisse pas. Pendant
» ce temps-là, moi, je vais achever
» mon fricot, et Suzon apprêtera le
» couvert ; ça fait que quand vous re-
» viendrez, nous n'aurons plus qu'à
» nous mettre à table ».

Cet arrangement ne faisait pas le compte de monsieur de Lafleur, mais il connaissait ma bonne tante pour être entêtée, et il n'y avait pas à répliquer. Il reprit donc l'écu dans ma main, qu'il serra et baisa, en nous disant :

« Eh bien, mesdames, pour ne pas
» perdre deux minutes du plaisir que
» vous me permettez d'avoir en votre
» aimable société, je vais, au risque
» que cela soit rapporté à monsieur
» l'abbé, aller tout bonnement au ca-
» baret qui est en face », et il des-
cendit.

Dès qu'il fut dehors : « Il avait bien
» envie de rester seul avec toi, Suzon !
» me dit ma tante, mais méfie-t'en

» bien , mon enfant. Souviens-toi que
» sitôt qu'un homme a parlé de ma-
» riage à une jeune fille , elle ne doit
» pas lui-accorder la moindre liberté,
» que toutes les cérémonies ne soient
» bien faites, et le contrat bien signé...
» S'il a de bonnes intentions , la résis-
» tance d'une fille honnête ne fait que
» les augmenter; mais s'il en a de mau-
» vaises , on gagne à le dégoûter de soi.
» Ce qui serait bagatelle avec un autre,
» devient de conséquence avec un soi-
» disant prétendu.... Sous le prétexte de
» vouloir épouser, vois — tu , il vous
» amène insensiblement à jubé; d'une
» petite faveur obtenue , il passe à une
» plus grande ; il vous demande des
» à-comptes , et il appelle ça des arrhes
» du marché..... Mais , fiez-vous-y ! et
» une fois que vous les avez accordés
» sur parole, la main du perfide se re-
» fuse à signer la promesse que sa
» bouche vous a faite.... Eh ! mon dieu!
» j'ai pensé y être prise , mon enfant,

» telle que tu me vois !...... — Vous, ma
» tante ?.... — Hélas ! oui , moi-même ,
» ma nièce, et si , je n'étais pas si inno-
» cente que toi , et bien m'en a pris.
» C'est une histoire que je te veux con-
» ter en soupant, exprès devant mon-
» sieur de Lafleur , ça te servira de
» leçon, d'abord à toi, et ça lui prou-
» vera , à lui , que nous savons de quoi
» les hommes sont capables ».

Monsieur de Lafleur rentrant alors, la
conversation changea d'objet. Les préparatifs du souper occupèrent encore un
instant, à cause d'un supplément d'une salade aux anchois, que monsieur de Lafleur avait apportée, je ne sais trop à
quelle intention, mais qu'il nous vantait
beaucoup, et à propos de quoi il me
faisait, tout en les épluchant et les net-
toyant avec moi, beaucoup de plaisan-
teries équivoques et à l'inçu de ma tante,
à ce qu'il croyait, auxquelles je ne comprenais rien du tout........ Mais la rusée
Geneviève, sans en faire semblant, avait

toujours les yeux et les oreilles au guet, et déroutait à tous momens sa langue et ses mains ; car les unes étaient vraiment aussi agissantes que l'autre était frétillante.

On se mit à table enfin , et pendant tout le souper , monsieur de Lafleur ne nous entretint que du désir qu'il avait d'unir son sort au mien , et de ne plus nous quitter ; même , s'avançant de plus en plus , il proposait déjà , pour débarrasser ma tante , dont la chambre était petite , et le lit , disait-il , trop étroit pour nous deux , sur-tout vu que nous étions dans la saison des chaleurs , de me chercher dès le lendemain un autre logement où j'irais habiter seule, en attendant qu'il eût trouvé l'occasion favorable pour faire agréer notre mariage à son maître , et il s'y chargerait de ma dépense.

Moi, simple et accoutumée à ne voir dans les discours que la première intention que les paroles semblaient y donner, je trouvais tout cela infiniment honnête de sa part, et je me confondais en remercîmens pour les bontés dont il paraissait vouloir me combler....... Mais ma tante, qui avait vécu et vu plus que moi, avait une habitude toute opposée à la mienne. Elle ne voyait, dans les plus beaux complimens, que faussetés ; dans les promesses, que des piéges ; et dans les amoureux de nos appas, que des ennemis de notre honneur.

La conduite de monsieur de Lafleur lui paraissait louche, sur-tout depuis qu'il m'avait conduite chez le peintre, pour m'y faire transformer en sainte Suzanne ; et quoique charmée d'avoir eu l'argent de ma séance, elle augurait mal de la délicatesse d'un homme qui avait exposé sa maîtresse nue aux regards de cinq autres, et cela avait beaucoup diminué de l'idée qu'elle avait eue d'abord qu'il voulait faire de moi sa femme.

Elle lui dit donc tout bonnement que, tant que sa nièce ne serait pas mariée, sa chambre serait assez grande pour elles.

D.

deux ; que, quand elle aurait un époux, il serait juste qu'il fît les frais de son coucher ; mais que, jusque-là, elle n'entendait pas qu'elle eût d'autre lit que le sien.

Il voulut insister en disant que, d'après les déclarations qu'il nous avait faites, et qu'il était prêt à nous réitérer, nous pouvions et devions même le regarder comme étant déjà effectivement mon époux ; et que, comme il en avait tout l'amour, je ne risquais rien à lui en accorder tous les droits. En finissant cette belle phrase, il commença à prendre un droit d'époux en m'embrassant fortement et sans ma permission.

« Nage toujours, et ne t'y fie pas ! ré-
» pondit ma tante ; il n'y a que le sacre-
» ment qui donne ces droits-là ; et toute
» fille qui est assez sotte pour les laisser
» prendre avant, s'appellera toujours
» mam'selle, quand même on lui au-
» rait promis vingt fois de la faire ma-
» dame....... Ce n'est pas par ouï – dire
» seulement que je le sais ; mais quand

» on y a passé, on est savante, comme
» dit l'autre...... Ecoutez-moi, mes en-
» fans ; je vais vous raconter, pour des-
» sert, ce qui m'est arrivé à moi-même ».

CHAPITRE XV.

Une des histoires de la jeunesse de ma tante.

JE suis forcée de convenir que je n'ai jamais été jolie ; mais, étant jeune, j'avais quelque chose de piquant dans la figure ; on me trouvait un petit air chiffonné et mutin, qui, joint à beaucoup de gaieté naturelle et à cette fraîcheur d'une fille de dix-huit ans, ne laissait pas de me valoir encore des conquêtes. Je n'étais pas riche non plus, mais j'avais toute sorte de petits talens qui me mettaient à même de bien gagner ma vie ; et je ne dépendais que de moi, n'ayant plus de parens. Cette liberté que j'avais de mes actions, était un grand appât de plus pour les chercheurs de bonnes fortunes ; mais heureusement j'avais en moi-même un fond de prudence, et même déjà d'expérience, qui me garantissait aussi surement qu'aurait pu faire la surveillance de toute une famille ; et cela déroutait bientôt ceux qui n'étaient pas d'humeur à tirer , comme on dit, leur poudre aux moineaux.

Un jour pourtant , un certain jeune homme très-bien fait , et le coq de notre voisinage , s'étant attaché à me faire la cour , parvint , non pas tout-à-fait , à m'inspirer des sentimens de tendresse , mais cependant à se faire écouter avec assez de plaisir. Ce n'était même peut-être que la vanité de me voir donner la préférence sur celles qui se croyaient plus jolies que moi.....

Mais, j'avais beau entendre ses fleurettes, ferme dans mes principes, je n'accordais toujours rien que ce qu'il pouvait attraper par — ci par-là..... dans la bagatelle, s'entend du moins , et jamais dans le sérieux !.... Oh ! de ce côté-là , il n'y avait pas à s'y frotter. Des petites caresses , des baisers sur les mains , des embrassades même........ on sait bien qu'on ne peut pas les empêcher ; c'est plutôt pris qu'on n'y a regardé........ . Mais, jarni ! quand on voulait s'émanciper à autre chose..... ah, ah !... Geneviève avait bientôt fait voir qu'elle savait jouer des pieds et des mains, et même des dents..... Oh ! de ça, j'étais un lion pour la vertu..... Avis pour toi, en passant, Suzon !... T'as déjà eu aussi bien des attaques de rencontre, et par ta simplicité, et par la hardiesse des hommes ; mais quoique ça, ton honneur est encore entier. J'en réponds tant que tu seras avec moi ; mais souviens-toi de le bien défendre quand tu seras toute seule.... Je reprends mon histoire.

Ce bel amant donc que j'avais, il se nommait à-peu-près comme monsieur ; un nom de fleur aussi, car il semble que ces agréables noms-là portent bonheur pour être joli garçon.....

« Bien obligé du compliment, ma» dame, dit modestement monsieur de

» Lafleur ; c'est trop honnête de votre
» part , et je ne méritais pas cette ga-
» lanterie-là » !

« Pardonnez-moi , monsieur , reprit
» ma tante , il faut rendre à chacun ce
» qui lui appartient. Il se nommait
» monsieur Jasmin : vous voyez que
» c'est comme qui dirait de votre fa-
» mille ».

Un jour donc, le beau monsieur Jasmin,
qui était tout juste aussi de votre même
profession; car il était le valet-de-chambre
favori du seigneur de notre village....

« Bon, encore un trait de ressem-
» blance avec moi , dit monsieur de
» Lafleur ; mais le plus fort que nous
» ayons, c'est celui de notre amour
» pour votre famille ; et je défie qu'il
» ait pu aimer la tante plus que je n'a-
» dore la nièce ».

« C'est fort bien jusque-là , répon-
» dit Geneviève , mais tâchez de ne
» pas lui ressembler jusqu'au bout ; car
» vous allez voir..... ».

Un jour donc, monsieur Jasmin, piqué de ce que je rebutais toujours ses tentatives, dès que je m'apercevais qu'il voulait pousser sa pointe trop avant, me dit :

« Mais, ma charmante Geneviève »... Vous jugez, en me regardant, qu'il voulait me faire croire que sa passion était bien vive, pour le porter au point de me régaler de cette flatteuse épithète.... (1) J'étais pourtant mieux que

---

(1) Le lecteur ne doit pas s'étonner si ma tante emploie par-ci par-là des termes qui paraissent trop recherchés ou trop élégans pour l'état qu'elle exerçait alors ; il apprendra par le récit de son histoire entière, qu'elle me fera bientôt, qu'ayant passé par différentes épreuves, et ayant fait des études dans beaucoup de genres, elle avait dû apprendre de même par la fréquentation des divers individus, beaucoup de choses qu'elle avait oubliées depuis, mais dont elle se ressouvenait de temps en temps, et qu'elle plaçait comme ça lui venait. C'est un avertissement que je donne ici pour toutes les occasions où elle paraîtra s'écarter de son stile ordinaire.

ça dans ce temps-là. « Pourquoi tant
» vous défendre avec moi ?...... pour-
» quoi me refuser des preuves d'un re-
» tour de tendresse de votre part, que
» je mérite si bien par l'excès de la
» mienne ? me regarderiez-vous comme
» un trompeur ? Ah ! cette pensée m'af-
» flige au point que je vous signerais
» une promesse de mariage tout − à −
» l'heure , et une donation de tout mon
» bien et de toutes mes espérances , si
» je ne craignais de pouvoir penser après,
» que vous auriez cédée plutôt à l'intérêt
» qu'à l'amour que j'avais osé me flatter
» de vous inspirer... et cette idée cruelle
» empoisonnant mon bonheur , me ren-
» drait malheureux par la suite » !

« Eh mais , monsieur , vous auriez
» tort de penser cela , lui dis-je. » Soit
que je parlasse de bonne foi et que je
fusse persuadée de ce qu'il me disait,
soit que , fatiguée moi-même de lutter
contre lui , l'instant marqué pour ma
faiblesse fût arrivé...... « J'ai vraiment

II.   E

» de l'amitié pour vous, et vous seriez
» vingt fois plus riche, que ma main ne
» se donnerait pas, si mon cœur ne
» la conduisait ».

« C'est fort beau et fort flatteur ce
» que vous me dites-là, ma chère Ge-
» neviève ! mais prouvez-m'en la sin-
» cérité par un peu plus de confiance.
» — Comment donc ? — Quand on aime
» les gens, on doit les estimer. Mon-
» trez-moi donc l'estime que vous avez
» pour moi. — Que faut-il faire pour
» cela ? — Vous fier à la parole sacrée
» que je vous donne de vous épouser.
» Je vous jure, foi d'honnête homme,
» de faire dresser demain notre contrat,
» où je vous avantagerai de tout ce que
» je possède et que je possèderai jamais;
» et j'exige, si vous m'aimez véritable-
» ment, que vous accordiez ce soir de
» bonne volonté, à l'amant, ce que de-
» main l'époux serait en droit d'exiger
» sans pouvoir se flatter que ce serait
» vraiment le cœur qui le lui laisserait

» prendre..... ou bien, je vous fuis dès
» cet instant, comme une insensible,
» comme une ingrate ; et, de déses-
» poir, je vais m'aller noyer » !....

Dame ! il était si pressant, il me paraissait si amoureux ! de si bonne foi !...
il s'annonçait si généreux, que la confiance........ l'amour propre....... l'intérêt, si vous voulez.......... et puis,
comme je disais tout-à-l'heure, ce
maudit quart d'heure où il est apparemment décidé qu'une femme,
même honnête, sera faible..... Enfin,
tout ça, d'accord pour me tourner la
tête.... la sensibilité encore.... car, il
finit son beau discours par se jeter à
mes genoux, où il pleurait..... mais,
au point de me faire pleurer moi-même
aussi !....

« Ma fine, dis-je à part moi, qu'est-
» ce que j'y risque ? ce n'est jamais
» qu'avancer la cérémonie d'une demi-
» journée, et cinq ou six heures de
» plus ou de moins, ça ne vaut pas là

» peine d'y regarder de si près, et de
» laisser périr un beau jeune homme
» qui veut faire ma fortune. Tout coup
» vaille, risquons le paquet »....

Je l'avoue à ma honte, ma nièce ; j'ai
peché dans ce moment-là.... du moins
par intention... Mais, écoute jusqu'au
bout, et, si tu viens à m'imiter dans
ma faiblesse, imite-moi aussi dans le
reste de ma conduite.

Je lui promis donc que je l'attendrais
le soir, quand il aurait fini son service au château et couché son maître,
et que je me déterminerais peut-être à
lui accorder ce qu'il me demandait. Il
se releva de mes genoux, transporté,
en me baisant les mains...... et même
plus.... comme gage de ma parole, et
il s'en alla triomphant.

Il ne fut pas plutôt parti, que je me
mis à faire des réflexions sur ma faci-
lité, et sur l'inconvenance de ma promesse. J'étais toute absorbée, et ne pensais déja plus qu'aux moyens de man-

quer à cette parole donnée si inconsi-
dérément, lorsque Jeanneton entra dans
ma chambre.

Cette Jeanneton était encore bien
moins passable que moi ; car, outre
que ses traits étaient beaucoup plus durs
que les miens , elle était bien mon aînée
de dix ans. Mais , monsieur Jasmin ,
qui en prenait par-tout , et qui en voulait de toutes les façons , l'avait abusée
par une promesse de mariage qu'il lui
avait donnée , où les noms et qualités
de la fille n'étaient pas désignés , parce
qu'apparemment ce papier lui servait
circulairement pour toutes celles qu'il
voulait tromper. Il y avait seulement :

« Je m'engage à épouser la demoi-
» selle porteuse du présent billet , à sa
» réquisition , lorsqu'elle me le repré-
» sentera ».

Mais le perfide suborneur le lui avait
repris dans sa poche pendant qu'elle
dormait.

Comme j'avais la réputation d'être très-

E.

sage, sitôt qu'elle vit les assiduités de son parjure amant auprès de moi, elle se résolut à venir me confier son aventure, tant pour me représenter ce que j'avais à craindre de la légèreté de ce volage, que dans l'espérance de le voir revenir à elle, si je le rebutais.........ce qu'elle me conseillait beaucoup, en m'assurant que son intention était de m'en faire autant qu'à elle.

Je fus indignée de cette double trahison, et je conçus, dès l'instant, le projet de l'en bien punir. Je proposai à Jeanneton de s'y prêter : elle ne demandait pas mieux. Je l'instruisis de son rôle, et j'attendis ensuite monsieur Jasmin dans ma chambre. Il fut exact au rendez-vous. Je le reçus à la lueur d'une petite lampe très-faible, et qui permettait à peine de se voir, sous prétexte que la décence supposait que je devais être endormie à cette heure-là. Il voulut préluder tout d'abord par des caresses, mais mon plan était fait. Je lui

dis qu'il était heure de se coucher, et
que nous serions bien plus à notre aise
dans le lit ; mais que j'avais fait des
réflexions , et que j'étais bien décidée
à ne lui rien accorder qu'il ne m'eût
auparavant signé une promesse de mariage.... Il avait vraisemblablement cal-
culé aussi de son côté que je pourrais
lui opposer encore cette résistance , et
il avait pris ses précautions pour la vain-
cre , car il me répondit sur-le-champ
que, satisfait de matin de la confiance
que je lui avais témoignée en lui per-
mettant de venir chez moi la nuit, il avait
voulu s'en montrer digne , en me faisant de lui-même l'écrit que je lui demandais , et qu'il me l'apportait. Il me
donna effectivement un papier assez sale,
qu'à la lueur de ma lampe je reconnus
pour devoir être le même qui lui avait déjà
servi, et avec la malheureuse Jeanneton, et peut-être avec plusieurs autres...
Je suis contente, lui dis-je en souf-
flant la lumière ; couchons-nous main-

tenant. Et lui donnant une chaise pour
se déshabiller, je passai sous les rideaux
de mon lit pour en faire autant, en lui
recommandant de ne pas parler de toute
la nuit, parce que la faible cloison qui
séparait ma chambre de celle d'une voisine, trahirait le secret que nous ne voulions pas encore laisser connaître.

Il ne tarda pas à me suivre au lit,
et il s'attendait bien sans doute à me
reprendre aussi son perfide billet pour
le faire encore circuler après moi ; mais
je sus le mettre en sureté.

Je n'ai pas besoin de vous dire comment la nuit se passa, sur-tout de sa
part, vous vous en douterez si vous
voulez ; je vous dirai seulement qu'il
s'agita, remua et chercha beaucoup
pour retrouver son billet, mais inuti-
lement............ Et le lendemain, dès
la pointe du jour, j'eus une preuve
nouvelle et complette de la noir-
ceur de l'ame de cet indigne. Trois
ou quatre de ses amis, et des domes-

tiques du seigneur, qu'il avait avertis exprès par vanité pour les rendre témoins de son triomphe et de mon déshonneur (car il avait parié avec eux qu'il m'attraperait), arrivèrent et frappèrent à ma chambre, en nous faisant compliment à tous deux de la bonne nuit que nous avions passée ensemble... Mais moi, déjà toute habillée, j'ouvris aussitôt la porte, et, tirant les rideaux du lit, je leur fis voir leur camarade couché et serrant tendrement dans ses bras..... Jeanneton, qui avait pris ma place le soir et joué mon rôle toute la nuit, tandis que j'étais restée cachée dans un petit cabinet à côté. Puis appelant tous les voisins que j'avais eu aussi, moi, l'attention de prévenir dès la veille, ils accoururent promptement. Je les rendis témoins du fait, leur fis montrer, par Jeanneton, la promesse de mariage que je venais de lui reglisser, et leur dis que je les invitais à ses noces de la part de monsieur Jas-

min , qui m'avait chargée de leur porter la parole.

Qui fut pénaut alors ? ce fut , je crois
bien , notre bel engeoleur , qui eut à
souffrir , outre les complimens ironi-
ques des paysans , les persifflages des
valets même , qui étaient jaloux de ses
bonnes fortunes , et qui , de plus , pour
ne pas perdre sa place chez le seigneur ,
fut obligé d'avaler la pilule et de con-
sentir à ce mariage , auquel certes il
ne s'attendait guères , et qui termina
la course de son billet circulaire.

Voilà , mes enfans , un avis pour les
trompeurs de filles , et la façon dont
ils devraient être punis tous.

Cette histoire , dont la conclusion
sur-tout avait fait hocher la tête à monsieur de Lafleur , nous ayant menés assez
tard , il ne jugea pas à propos de con-
tinuer , pour ce soir-là , le cours de
ses galanteries. Il dit donc à ma tante
qu'il convenait avec elle que monsieur
Jasmin avait eu ce qu'il méritait.......

mais qu'il ne fallait pas supposer tout le monde capable d'aussi mauvais procédés ; que, quant à lui, il espérait que nous ferions plus de fond sur sa délicatesse et la sincérité de son amour pour moi : et il prit congé de nous en demandant toujours la permission de nous en donner des preuves.

CHAPITRE XVI.

Ma tante me commence le récit de l'histoire de sa vie.

Nous passâmes les deux jours suivans sans le voir revenir, et comme ma tante ne reçut aucune invitation concernant sa partie, elle resta constamment à la maison, où elle me fit faire quelques coutures, en attendant le jour de ma seconde séance chez le peintre.

« Ma nièce, me dit-elle, puisque
» ton étrenne, dans l'état de cuisinière,
» a été assez malheureuse pour t'en dé-
» goûter, comme de celui du lavement,
» il faut essayer maintenant à te mettre
» couturière. Je t'ai montré ce talent-
» là aussi ; tu cousais déjà pas mal une
» robe.... tu n'as qu'à t'y remettre pen-
» dant quelques jours, et puis, je te
» chercherai de l'ouvrage parmi mes

» connaissances. Nous avons justement
» une voisine au-dessous de nous, qui
» est très-employée dans ce genre-là,
» et qui pourra t'occuper un peu ».

A peine achevait-elle de me donner
cette espérance, et avais-je enfilé ma
première aiguillée, que nous vîmes
entrer cette même voisine dont elle par-
lait, avec un paquet sous le bras.

« Ma bonne Geneviève, dit-elle à
» ma tante, j'étais fâchée que vous
» eussiez pris le parti de mettre votre
» nièce en maison sans m'en prévenir,
» car j'avais de quoi la faire travailler
» pendant une partie de la saison, et
» j'ai été bien aise de la voir revenir
» hier avec vous. L'état de servante ne
» lui convient pas ; elle est trop déli-
» cate, et il est bien plus agréable de
» gagner de l'argent chez soi, en tra-
» vaillant à ses pièces. Tenez donc,
» comme je suis très-pressée, je vous
» apporte toujours cette petite robe
» du matin à me faire : elle est toute

» coupée, et il ne faut pas perdre une
» minute, car je dois la livrer sans
» faute après-demain de bonne heure ».

« Vous l'aurez, madame, dit ma
» tante, et je vous en réponds, moi;
» ma nièce ne se couchera plutôt pas,
» ni moi non plus.... car même, pour
» l'empêcher de dormir, je lui conte-
» rai des histoires toute la nuit ».

« En ce cas-là, je vous la laisse,
» reprit la couturière; et je compte sur
» vous.... et après celle-là une autre ».
Et elle nous quitta.

« Vois-tu, Suzon, me dit ma tante,
» aussitôt que la voisine fut partie, c'est
» comme une bénédiction qui nous ar-
» rive! J'ai perdu une ressource et toi
» une autre; eh bien! en voilà deux
» nouvelles que tu retrouves à la fois,
» car ta couture n'empêchera pas tes
» séances du peintre..... et puis encore
» il n'est sans doute pas le seul dans
» Paris qui prenne des modèles »....
(On voit que les deux louis de sainte

Suzanne l'affriandaient, et qu'à ce prix, elle m'eût volontiers fait poser pour toutes les saintes du paradis) !

« Va, va, continua-t-elle, sois
» tranquille ; la Providence n'abandonne
» jamais les honnêtes gens ! »

Je me mis donc à assembler les pièces de la robe et à les coudre, tandis que ma tante s'occupait de notre cuisine. Enfin, sa fricassée de lentilles étant sur le feu, à cuire, et elle assise à côté de moi, à me regarder travailler en tricotant elle-même, pour ne pas perdre de temps....

« Ma bonne tante, lui dis-je, vous
» m'avez promis que vous me conte-
» riez des histoires ; et il y en a une
» que je suis bien curieuse de savoir :
» c'est celle de votre vie. Vous nous
» en avez appris hier un chapitre qui
» me donne bien envie d'en entendre
» les autres ! »

« Je veux bien te contenter, me ré-
» pondit-elle, aussi bien ça te profi-

» tera. Dans tout ce qui arrive à une
» femme , il y a toujours des leçons à
» ramasser pour une autre ; si elles ne
» se ressemblent pas toutes de visage,
» il n'y a pas tant de différence par les
» inclinations ; ça ne varie que du plus
» au moins , et quand les occasions sont
» pareilles , les mêmes conclusions
» terminent les romans de presque
» toutes.

» Tu ne fais que commencer à vivre,
» ma nièce , et quoique tu ayes déjà
» été un peu contrariée dans tes dé-
» buts, tu ne te doutes pas encore de
» ce que c'est que les tribulations. Hélas !
» mon enfant, la vie n'est remplie que
» de vicissitudes et de cascades..... et
» Dieu te préserve d'en essuyer autant
» que j'ai déjà fait , sans compter ce
» que sa sainte prédestination me ré-
» serve encore !..... Mais, sa volonté
» soit faite..... marchons toujours droit
» devant nous , c'est notre devoir ; et
» sans nous décourager , arrachons ou

» évitons à mesure les épines qui se
» rencontrent dans le chemin de notre
» vie..... Ecoute-moi donc, et retiens
» bien tout ce que tu vas entendre ;
» ça t'apprendra à te méfier de ces vi-
» lains hommes !.... Ah, mon enfant !
» ce sont des tigres pour nous !.....

» Je ne te commencerai pas, comme
» tous les raconteurs d'histoire à pré-
» tentions, depuis le premier moment
» de ma naissance, ni même pendant
» mes douze premières années. Ça ne
» serait bon qu'à remplir des feuilles
» pour augmenter les profits d'un li-
» braire, si je voulais faire mouler tous
» ces enfantillages-là. Non, je ne veux
» te dire que des choses utiles ; et pour
» ça, je ne dois prendre qu'au temps
» où j'ai eu assez de connaissance pour
» distinguer à-peu-près la valeur et la
» conséquence des événemens, parce
» que, si je me suis trompée en les
» jugeant ou en les suivant, eh bien,
» mon exemple pourra t'apprendre à

F.

» faire mieux que moi, si tu te trouves
» en pareil cas.

» Je t'entame donc mon histoire à
» douze ans sonnés..... parce qu'à cet
» âge — là je valais déjà une fille de
» quinze , tant pour la raison que pour
» tout..... J'étais vraiment avancée......
» et c'est ce qui fait que j'ai vieilli de
» bonne heure ».

Comme je te l'ai déjà dit hier , je
n'étais pas jolie , et c'est presque tant
mieux quand on n'est pas riche ; on
trouve moins d'occasions d'être tour-
mentée et poussée au mal par ces tra-
cassiers d'hommes , qui n'en veulent
qu'à la beauté !..... car on ne rencontre pas toujours des gens qui se con-
tentent de vous tirer en peinture , et
qui vous donnent des deux louis pour
vous regarder deux heures. Mais , tout
est pour le mieux , il faut qu'il y en
ait de toutes les façons.....

Du reste , j'étais vive, alerte, rieuse,
bien ouverte d'intelligence , et j'appre-

nais tout ce qu'on voulait. Je vous chantais avec un filet de voix à faire taire tous les violoneurs et fluteurs, même tambourineurs qui passaient par notre village ; je vous dansais et sautais à faire la nique aux jeunes chèvres que je menais paître ; aussi, aux fêtes, sous l'orme, c'était moi qui lassais tous les garçons...... et puis, pour la couture, pour le blanchissage, pour le ravaudage, pour la cuisine, et pour étriller un cheval même et le faire galoper, il n'y avait pas de fée qui eût pu m'en remontrer !... Oh ! j'étais vraiment née pour être princesse !.... Avec ça j'avais une malice et un caquet !.... qu'il ne fallait rien dire devant moi, da, car je retenais et je répétais tout. Ma mère, qui était la plus forte blanchisseuse de Neuilly, craignant que toutes les caresses qu'on m'y faisait à cause de mes espiégleries et gentillesses, ne m'empêchassent de prendre le goût de son état, et de m'y perfectionner, s'imagina de m'envoyer à Paris, chez une cousine, qu'elle avait, qui faisait le même état qu'elle au Gros-Caillou.

Elle lui écrivit à ce sujet, reçut ses réponses; et, tout étant réglé entr'elles deux, elle me fit partir un beau matin, après m'avoir fait mon petit paquet, m'avoir donné l'adresse de sa cousine, et sur-tout bien recommandé la sagesse...... car c'est toujours là le plus fort de la pacotille que les mères font aux enfans, quand elles n'ont pas d'argent à leur donner.

« Ma fille, sois sage, et la fortune » viendra te trouver tôt ou tard »....

Je partis donc, comptant bien là-dessus, et me promettant bien d'obéir à ma bonne mère........

N'ayant rien de mieux à faire en route, et rien qui tourmentât mon esprit, car j'étais une véritable Roger-Bontemps, qui m'accommodais de tout, je chantais par le chemin, dansais et courais après les papillons.....

Un homme d'un certain âge, et assez
bien couvert, passait dans ce moment,
à cheval, suivant la même route que
moi; il s'amusa quelque temps à regarder mes yeux, en proportionnant
sa marche à la mienne...... Enfin, il
m'accosta et entâma la conversation.
Moi, j'étais dans l'âge de la confiance
et de l'indiscrétion; je lui dis tout naï-
vement qui j'étais, où j'allais, et enfin,
tous les tenans et aboutissans de mon
voyage et de ma famille. Il m'écoutait
et m'observait attentivement pendant
tout mon récit, et paraissait y prendre
un véritable intérêt.....

  « Ma chère petite cousine, me dit-il
» quand j'eus terminé mon histoire,
» dans laquelle il avait pu remarquer
» toute ma simplicité, car alors j'étais
» comme toi, ma nièce..... je me féli-
» cité de vous avoir rencontrée si à
» propos et si heureusement pour vous!
» Je suis justement votre cousin, c'est-
» à-dire, le mari de la cousine de votre

» mère , et je suis charmé de pouvoir
» vous épargner la fatigue de votre
» voyage à pied ; je m'en retourne chez
» moi , montez en croupe sur mon che-
» val , et bientôt nous allons être ren-
» dus ».

Je ne me fis pas tirer l'oreille , et
toute émerveillée et enchantée de l'a-
venture , je sautai lestement sur la
croupe du cheval , et j'embrassai mon
cousin par derrière, comme si nous nous
étions vus toute la vie.

Alors il piqua des deux , et bientôt
nous fûmes rendus chez lui. Je demandai d'abord sa femme , la cousine de
ma mère , pour lui remettre la lettre
de recommandation que j'avais pour
elle ; mais il me dit , en la prenant,
que c'était la même chose ; que sa
femme était allée à Paris pour affaires ,
qu'elle ne reviendrait que fort tard , ou
même peut-être que le lendemain , et
que nous allions toujours souper. Aussitôt il fit servir par une grosse servante,

qui me faisait des signes , mais que je
ne comprenais pas. Je soupai donc avec
mon cousin , et beaucoup mieux que
chez ma mère ; et , flattée de l'augmen-
tation de l'ordinaire , je me disais déjà
que je m'y accoutumerais bien , et que
je n'avais pas perdu au change.

Cependant , en récapitulant avant le
repas , je n'avais rien vu qui m'eût
prouvé que j'étais dans la maison d'une
blanchisseuse ; mais j'étais distraite de
ces réflexions par les caresses de mon
cousin, qui m'en faisait déjà beaucoup
plus et de plus vives que ma mère ne
m'en avait jamais faites...... Bref, il fut
question de se coucher. Ma foi, me
dit-il , ma chère cousine , je ne vous
attendais pas aujourd'hui , et nous n'a-
vons pas de lit préparé pour vous , mais
puisque mon épouse n'y est pas , vous
coucherez à sa place , le lit est grand ,
et vous ne me gênerez pas... car même,
si ma bonne femme y était , nous pour-
rions encore y tenir tous les trois à

l'aise : dépêchons-nous , car je suis fatigué du cheval , et je ne demande qu'à dormir bien vîte. Demain matin , ma femme arrivera , et nous fera du café, car c'est elle qui s'en charge , et elle le fait très-bien....

Moi , qui couchais toujours avec ma mère , je ne trouvais rien d'étonnant ni d'inconséquent à partager entre deux un lit qui vraiment me paraissait assez grand pour trois. Je ne fis donc aucune difficulté ; et pendant que mon cousin se déshabillait , je me mis à genoux pour faire mes prières.... car , vois-tu Suzon, j'ai toujours eu ma religion , et je t'exhorte bien à en faire autant, ma chère nièce , ça porte toujours bonheur..... et sois même bien sûre que c'est ça qui t'a valu la protection de sainte Suzanne, et pour trouver le peintre qui t'a donné deux louis, et pour ressortir de chez lui saine et sauve et avec ton honneur. Pour moi , je m'en suis bien trouvée aussi dans cette occasion-là.

Quand j'eus fini mes prières, je me coulai dans le lit où mon cousin ronflait déjà................ Ma fine, je m'y trouvais bien et très-douillettement, car outre trois bons matelas, il y avait un lit de plume, et jamais celui de ma mère n'avait été la moitié si bien garni.

Mais ne v'là-t-il pas que pendant la nuit mon cousin vient à rêver et à parler tout haut, et oubliant que c'était moi qui étais à côté de lui, il me prenait pour son épouse, et me disait: « Ah! ma » chère petite femme, viens donc dans » les bras de ton mari »! Et il m'embrassait et me serrait si tendrement que j'avais envie de rire ; mais je le laissais faire par malice, parce que j'étais curieuse de savoir si vraiment il aimait bien sa femme. Cependant, à force de me presser et de me retourner de toutes façons, je me trouvai fatiguée et impatientée.... et tout d'un coup, pendant que ses mains étaient passées à l'entour de moi pour m'attirer à lui, voilà que

II.   G.

je vins à sentir un repoussement de je
ne sais quoi..... comme je n'en avais
jamais senti avec ma mère.... mais qui
me fit une frayeur horrible. Eh mais,
mon dieu ! disais-je en moi-même, ce
n'est ni ses pieds, ni ses mains qui me
poussent là...... Combien ce cousin-là
a-t-il donc de membres ?..... Et je me
reculais de lui tant que je pouvais ;
mais il me serrait de plus belle, quoiqu'il continuât de dormir et de rêver,
et la diable de machine me tourmentait et me blessait toujours. Par égard
pour sa grande fatigue, j'avais craint
d'abord de l'éveiller ; mais de l'épouvante que j'avais, je fis un saut si fort,
en lui détachant les bras et les jambes
qui s'étaient récroquevillées après moi,
que je tombai à bas du lit. Au clair de la
lune qui donnait dans la chambre, j'aperçus la porte d'un cabinet où j'avais vu
entrer la grosse servante qui avait apprêté notre souper. J'y entrai bien vîte,
et ayant refermé la porte sur nous par-

dedans, je lui racontai l'histoire du rêve terrible de mon cousin, qui avait manqué m'effondrer avec ce je ne sais quoi dont je ne pus lui faire la description.

Cette fille qui était honnête, et que la pauvreté seule obligeait à rester chez un homme vicieux où elle trouvait son pain, m'apprit que c'était un libertin qui n'était pas mon cousin, comme il me l'avait fait croire; qu'il cherchait et attrapait comme cela par-tout des jeunes filles innocentes; que je n'étais pas au Gros-Caillou, ainsi qu'il me l'avait dit encore, mais à Passy, et que pour être rendue chez la véritable cousine de ma mère, j'avais encore la rivière à traverser. Je lui rendis grâces de l'instruction qu'elle me donnait, et la priai de m'aider à me soustraire aux attaques impudiques de son scélérat de maître. Cette bonne fille, vraiment vertueuse, et touchée de mon danger, y consentit, au risque de perdre sa place et d'être renvoyée. Elle ne couchait

que par hasard, et sur un simple lit de
sangle dans ce cabinet, pour y veiller
une lessive qu'heureusement elle y cou-
lait ce jour-là. Tout cela se rencontrait.
favorablement pour moi; mais il n'y
avait pas de temps à perdre pour me
sauver. Déjà mon faux cousin m'appelait, frappait à la porte du cabinet et
essayait à l'ouvrir.....

Nous tirâmes du baquet, des draps que
nous attachâmes au bout les uns des
autres à la fenêtre, et je me glissai par
ce moyen jusque dans le chemin qui
passait au bas de la maison....

A peine touchais-je la terre avec mes
pieds, que je fis une réflexion que la
frayeur d'être reprise par le maudit cousin, nous avait empêchées de faire, la
bonne servante et moi; j'étais nue en
chemise.... Je pris mon parti tout de
suite, et plutôt que de remonter pour
aller chercher mes vêtemens, je dé-
nouai le dernier des draps qui m'avaient
servi d'échelle, et m'enveloppant tout

le corps avec, je me mis à courir sans
demander mon reste, et sans savoir où
j'allais....... mais bien contente d'avoir
fait divorce d'avec ce parent de contre-
bande.

Mais, ma nièce, je sens que nos
lentilles sont cuites; je vais les fri-
casser, nous les mangerons, et je te
continuerai mon histoire après.

CHAPITRE XVII.

Suite de l'histoire de ma tante.

Nous dînâmes très-vîte, car l'intérêt que je prenais à ce commencement des aventures de ma tante, me donnait une vive impatience d'en savoir la suite. Ayant donc lavé sa vaisselle, et moi ayant repris ma couture, elle se remit à tricoter auprès de moi, et continua ainsi.

J'allais donc sans savoir où, puisque je ne connaissais pas mon chemin, mais fort vîte, n'ayant d'abord pour première intention que l'envie de fuir le scélérat qui avait ainsi voulu surprendre mon innocence et ma bonne foi. Je me trouvai bientôt dans un bois où je m'égarai. La lune étant cachée par d'épais nuages, je ne voyais plus à me conduire. La fatigue que je commençais à ressentir, ainsi que le sommeil qui m'accablait malgré moi, (car dans notre village je me couchais de bonne heure, et mon cousin ne m'avait guères laissée dormir,) me firent penser qu'il valait mieux m'arrêter que de m'enfoncer davantage dans ce bois, en m'éloignant peut-être de l'endroit où j'avais affaire.

Cette réflexion me décida à m'asseoir au pied d'un gros arbre sous lequel je me trouvais alors, en me recommandant à la Providence, et me disant que puisque je voulais être sage, je ne pouvais pas manquer d'être heureuse. Je m'endormis dans cette consolante idée... Mais à peine le jour commençait-il à poindre, que je fus réveillée en sursaut par des cavaliers de maréchaussée, qui me saisirent brusquement et m'attachèrent sur un de leurs chevaux. Ils me firent traverser tout le bois sans me rien dire, et me déposèrent enfin dans une prison à l'entrée d'un village, où ils s'arrêtèrent.

Plus morte que vive de l'appréhension que me causaient tous ces gens, qui avaient le sabre nu à la main, et dont la mine était rébarbative, j'avais à peine osé hasarder une fois ou deux de leur dire :

« Eh mais, mes bons messieurs, que
» me voulez-vous ? où me menez-vous ?
» — Tu vas le savoir, misérable », fut toute la réponse que j'en pus tirer.... et ils me laissèrent seule et enfermée, à faire bien des réflexions douloureuses qui n'aboutissaient cependant à ne me rien faire deviner.

Une heure après, je vis arriver un homme en robe noire, d'un aspect sévère et imposant ; et ce qui redoubla mon effroi, ce fut la vue du cadavre encore sanglant d'un homme qu'on étendit devant moi.

L'homme noir me demanda si je reconnaissais le mort, si je ne confessais pas l'avoir assassiné, et ce que j'avais fait de ce que je lui avais volé ?

Il le faut dire ici, ma nièce, que des voleurs avaient effectivement assassiné le soir et volé cet homme dans le bois où je m'étais égarée; que la fatalité m'avait fait arrêter justement à l'endroit où ils avaient laissé son corps; que sans le voir, et en dormant, je m'étais roulée et appuyée sur lui; que le drap qui m'enveloppait portait encore les souillures de son sang; que la maréchaussée passant par là, nous avait ramassés ensemble, et, pour surcroît de conviction contre moi, un poignard encore sanglant qu'on avait trouvé entre nous deux.

Quoique bien sure et bien forte de mon innocence, il y avait de quoi être atterrée de ces preuves, qui paraissaient convaincantes. Cependant une certaine fermeté qui ne m'abandonnait jamais, me donna les moyens de détailler bien exactement au juge, qui j'étais et tout ce que j'avais fait, heure par heure, depuis le matin de la veille que j'étais partie de chez ma mère; et, pour preuve de mon escapade de chez ce faux cousin, je citais ce même drap qui m'enveloppait et qui était encore mouillé..... On me dit que ce pouvait être ce même homme que j'avais volé, qui avait couru après moi, et que j'avais assassiné. Qu'il était toujours constant que j'avais été relevée près du cadavre où je faisais semblant de dormir, voyant que je ne pouvais fuir les cavaliers..... Bref, que toutes les apparences confirmaient que je pouvais être au moins complice du meurtre, si je n'en étais pas seule l'auteur, puisque l'on ne trouvait rien sur moi des effets volés, tels que ses boucles de souliers, qui étaient ôtées, sans compter ce qu'on pouvait présumer de sa montre et de sa bourse.......... En conséquence je fus condamnée à garder prison jusqu'à ce qu'on eût acquis de plus fortes preuves contre moi, ou qu'on m'eût fait avouer par la question, à laquelle, disait-on, je ne tarderais pas à être appliquée.

On alla d'abord aux informations chez la cousine de ma mère, qui effrayée de ces détails, et d'une procédure criminelle, et me croyant déjà près d'être exécutée, avoua qu'elle connaissait bien ma mère, mais qu'elle ne m'avait jamais vue, et qu'elle se lavait les mains de tout le mal que je pouvais avoir commis. Je fus donc transférée à Paris, dans une prison de la Conciergerie du Palais, au pain et à l'eau. Ma mère, qu'on avait été chercher, vint me voir, et ses reproches et ses pleurs achevèrent de me déchirer l'ame.....

Enfin, au moment où l'on venait me prendre pour subir un interrogatoire devant les juges assemblés, une escouade de la maréchaussée amenait un individu blessé, qu'elle avait arrêté dans le même bois où j'avais été prise. Cet homme me voyant passer, et entendant le prétendu crime dont on m'accusait, s'écria : C'est infame ! voilà comme les juges se jouent de la vie des innocens. Cette fille n'est pas plus coupable que moi, et je puis en fournir les preuves. Il demanda effectivement à être entendu au même interrogatoire que moi, et l'ayant obtenu sur les instantes supplications de ma mère, il dit aux juges qu'il était le valet de chambre du mort assassiné dans le bois. Qu'il avait été blessé à côté de lui en voulant le défendre. Que les voleurs l'avaient entraîné avec eux pour tirer de lui des indications sur cet homme, son maître, qui était un riche négociant qu'ils guettaient depuis long-temps ; mais que comme il s'était obstiné à ne pas leur déclarer sa demeure à Paris, ils allaient le tuer aussi, lorsque la brigade avait paru. Que les assassins s'étaient sauvés, et que lui, qui ne devait ni ne pouvait fuir, avait été arrêté ; mais que pour moi, il ne m'avait point vue du tout dans le bois. Sur cette déclaration, on nous

remena tous deux en prison, et sépa-
rément, jusqu'à un plus ample informé.

Par un surcroît de bonheur qui nous
fit rendre la liberté à l'un et à l'autre,
l'escouade qui avait arrêté le valet de
chambre, l'ayant laissé aux mains d'un
des cavaliers pour le conduire, avait
couru après les véritables assassins, les
avait rattrapés, et les ramena.

Comme ils étaient encore nantis des
effets volés, que le valet à qui ils furent
confrontés, reconnut, et avait bien détail-
lés d'avance, ils furent convaincus, ils
avouèrent leurs crimes, nous déchargè-
rent, et je fus déclarée innocente et libre.

Cette histoire avait fait grand bruit,
et tout le monde qui était venu pour
entendre mon jugement, s'empressa à
venir voir après, dans la chambre du
concierge, la pauvre petite qui avait été
dans un si grand danger de périr in-
justement, et qui n'osait pas sortir de
la prison avec son drap de lit taché de
sang, qui l'enveloppait encore.

Ma pauvre mère avait couru bien vîte pour m'acheter un déshabillé ; mais plusieurs dames attendries sur ma double aventure, me firent des cadeaux, et leur générosité me valut une garde-robe complète, et de quoi habiller encore cinq à six sœurs, si je les avais eues. Une de ces charitables dames, même, proposa à ma mère, quand elle revint, de me prendre chez elle pour seconde femme de chambre. Ma bonne mère y consentit avec joie, et je repartis de la prison en triomphe, bien habillée, et dans un beau carrosse, pour aller dans un bel hôtel ; tandis qu'il semblait, une heure avant, que je n'en devais sortir que dans un tombereau pour être conduite à l'échafaud !...... « Tu vois, » ma fille, me dit ma mère, voilà ce » que produisent la sagesse et la vertu ». — Je te fais la même observation, ma nièce, et tu en as eu déjà la même preuve avec sainte Suzanne.

CHAPITRE XVIII.

Suite des aventures de ma tante. Elle apprend la coiffure, ensuite la cuisine. Beaux succès de ces deux apprentissages.

La prison de ma tante m'avait fait pleurer. Elle s'en aperçut, et me dit : « Tu » es sensible, mon enfant, c'est preuve » d'un bon cœur !...... Hélas ! si tous » ceux qui font du mal aux autres, » avaient versé des larmes eux-mêmes » dans leur jeunesse au récit des malheurs de leurs semblables, ils n'en » auraient pas tant fait répandre après.... » Mais pour te distraire un peu à présent, nous allons souper ; et comme » il faut que tu veilles une partie de la » nuit pour avancer ton ouvrage, je te » raconterai encore quelque chose ».

Nous soupâmes donc d'une petite salade, avec des œufs à la tripe, car, dit ma tante, « puisque nous voyons l'espé-
» rance de gagner un peu notre vie, il
» ne faut pas nous la reprocher, et j'ai
» mis ce soir deux plats pour un. Vois-
» tu, ma nièce, il faut savoir se pro-
» portionner aux temps. Quand on a
» de quoi, il ne faut pas être traître à
» son corps; de même quand on n'a
» rien, il ne faut pas être gourmand,
» mais se passer avec la moindre chose.
» Buvons donc et mangeons, et Dieu
» bénira ton travail ».

Nous dîmes notre *Benedicite*..... et malgré nos deux plats, nous ne tardâmes pas à dire aussi nos *Grâces*. Le couvert ôté, nous reprîmes nos places auprès de la lampe; moi, ma chaise et un tabouret pour mettre mes pieds et soutenir la robe que je cousais, et ma bonne tante son petit fauteuil de paille, mais ressanglé de tapisserie.

Eh bien ! ma tante, lui dis-je, nous

en sommes restées à votre départ de la prison dans le beau carrosse de cette généreuse dame. — Oui, ma nièce, je reprends de là.

Il nous roula grand train, et nous arrivâmes à son hôtel. Elle fit appeler sa première femme de chambre, qui était déjà d'un certain âge, et depuis long-temps attachée à elle.

« Mademoiselle Brigitte, lui dit-elle,
» pour diminuer la fatigue que vous avez
» ici, voilà une jeune fille que je veux vous
» adjoindre pour seconde auprès de moi.
» Ayez-en soin, mettez-là au fait du
» service, et sur-tout apprenez-lui à
» coiffer, car vous commencez à avoir
» la main un peu lourde ».

Mademoiselle Brigitte, un peu piquée de cette dernière remarque, dit qu'elle obéirait à madame, et m'emmena en me toisant d'un air rechigné; car dans les petits états comme dans les grands, on a la nuisible habitude de regarder toujours de mauvais œil les subalternes.

H.

qui arrivent aux maîtres ou aux chefs sans avoir fait des courbettes devant les intermédiaires. Je m'en aperçus bientôt par la conduite de cette première femme de chambre envers moi.

Elle me grondait à tout propos sans sujet, elle trouvait mal ce que je faisais et ce que je ne faisais pas. Si je mangeais, j'étais gourmande; si je ne mangeais pas, j'étais boudeuse; si je parlais, j'etais babillarde; si je ne parlais pas, j'étais sournoise; si je ne lui demandais pas de conseil, j'étais une présomptueuse qui croyais tout savoir, et si je lui en demandais, j'étais une imbécille qui ne savais rien............ enfin il aurait fallu être sorcière pour la contenter, ou seulement pour avoir la paix avec elle.

J'endurais cependant tout avec patience dans l'intention de me rendre digne des bontés de la brave dame qui avait daigné s'intéresser à moi.... mais c'était dans les leçons de coiffure que me donnait la demoiselle Brigitte, qu'elle s'efforçait, je crois, de me pousser à bout. Quelquefois elle papillotait une perruque et la frisait devant moi, puis me faisait refaire après elle, et alors, pour ne pas se fatiguer la langue à me reprendre quand je ne faisais pas à son goût, ce qui était presque toujours, elle me tapait de grands coups de peigne et me meurtrissait et me piquait tous les doigts. D'autre fois elle me crêpait moi-même et me retapait devant une glace, et quand je m'endormais de fatigue et d'ennui, elle me réveillait en me tignonnant et me tirant les cheveux à outrance, ou en m'appliquant des soufflets, et me cognant le nez avec son bâton de pommade ; de sorte que toutes les heures de mes leçons étaient autant de momens de douleur et de supplice pour moi.

A force pourtant de bonne volonté et d'application de ma part, tant pour pouvoir me rendre utile à madame, que pour me délivrer de ce cruel apprentissage, je parvins à être jugée digne de faire mon début sur la tête de notre maîtresse, du moins pour la mettre en papillotes, et je fus appelée à sa toilette.

Un petit abbé fringant y était déjà, qui amusait madame et lui lisait des journaux et des pamphlets nouveaux. Il entremêlait cette lecture de réflexions piquantes et de commentaires satiriques dont il riait le premier et madame après, par écho.

Je me mis donc à papilloter les cheveux véritables de ma maîtresse, car la sublime mode de les remplacer par des postiches n'était pas encore en usage, du moins pour celles qui en avaient de naturels. Je m'en tirai passablement apparemment, car madame, plus complaisante, ou plus facile à contenter que ma revêche institutrice, ne me fit pas la moindre plainte ; elle porta même la bonté jusqu'à me dire que j'avais le main plus légère que sa femme de chambre en titre.

Effectivement, dit l'abbé en me lorgnant, mademoiselle l'a jolie et délicate..... et il étalait en même temps les siennes pour faire voir qu'il les avait belles aussi.

Ces complimens me causèrent un petit mouvement de vanité dont je ne tardai pas à être punie..... O combien la chute qui nous confond est souvent près d'un succès qui nous enorgueillit !..... Cette première partie de ma besogne achevée, il me restait à passer les papillotes. Deux fers chauffaient sur un réchaud. J'en prends un, et je passe habilement et lestement tout le devant de la tête ; je reprends le second fer, et déjà j'avais presque terminé aussi heureusement et aussi adroitement que j'avais commencé ; j'étais à la dernière papillote, et le triomphe allait couronner ma première épreuve..... Le maudit abbé faisait dans ce moment une remarque critique sur une comédie nouvelle qu'il avait vu jouer la veille, et en parodiant une actrice, il imitait si burlesquement ses faux gestes, que madame riait beaucoup. Moi qui suivais aussi des yeux tous les mouvemens du conteur, ayant manqué la tête de ma maîtresse, au lieu de rattraper la papillote, je lui saisis l'oreille, que je serrai et brûlai fortement. Cela changea la scène, qui de comique devint tragique. Les hauts cris succédèrent aux éclats de rire; perdant la tête moi-même, je lâchai le fer, qui tomba justement sur la main potelée de l'abbé et la brûla de même. Celui-ci secoua et rejeta vivement l'instrument brûleur, qui, allant cogner au milieu du miroir de toilette, le brisa en cent pièces..... Les deux brûlés se levèrent en me maudissant; je tombai à genoux pour leur demander pardon, et en me précipitant je renversai avec mes pieds la petite table où était le déjeûner de madame, qui fut perdu, et les porcelaines qui le contenaient, brisées comme le miroir.

Que de dégât pour une papillote manquée !...... Ainsi va le monde. On voit souvent, m'a-t-on dit, des empires bouleversés pour des objets aussi peu importans !

Madame, dans sa colère, excitée encore par les exclamations de l'abbé sur les cloches qui défiguraient sa jolie main, déclara qu'elle ne voulait plus me voir, et que j'eusse à sortir de sa présence et à m'en retourner chez ma mère. (Voilà les grands du monde ! un rien vous donne leur faveur, un rien vous la retire et vous vaut leur indignation).

« Hélas ! ma chère maîtresse, lui » dis-je, pardonnez-moi cette première » faute-là, je ferai mieux une autre » fois.

» Non, non, ma bonne, j'ai assez » de celle-ci, je ne veux plus vous con- » fier ma tête. Allez, allez retrouver

» votre mère. Vous êtes meilleure pour
» être blanchisseuse et manier un fer
» à repasser le linge, qu'un fer à papil-
» lote. Il n'y a pas tant de danger à
» roussir une chemise qu'à brûler une
» oreille.

» Eh bien, ma chère dame, repris-
» je, toujours en embrassant ses ge-
» noux, vous avez raison. Coiffeuse
» de madame, c'est trop noble et trop
» relevé pour moi ; mais ne me ren-
» voyez pas, je vous en supplie, et
» employez-moi à tout ce que vous vou-
» drez. Je porterai du bois, de l'eau.....
» j'aurai soin de la basse-cour, je ba-
» layerai..... pas les appartemens, puis-
» que madame a un frotteur, mais les
» cours, les escaliers, la cuisine......

» Ah ! la cuisine !..... Eh bien, à la
» bonne heure, me dit-elle en s'adou-
» cissant, (car vraiment elle avait un
» bon cœur, et si ce n'eût été qu'on
» tient à ses oreilles, elle ne m'en aurait
» pas voulu du tout); soit, je veux bien

» vous y essayer..... Son aventure de
» la prison, ajouta-t-elle à l'abbé, qui
» était toujours plus fâché pour sa main
» qu'elle pour son oreille, m'intéresse
» à cette fille, et puisque je l'ai de-
» mandée à sa mère, je ne veux pas
» encore la lui renvoyer..... Appelez ma
» cuisinière ». Car cette femme, raisonnable sur beaucoup d'articles, n'avait
ni l'orgueil, ni la duperie de se faire
ruiner par un maître-d'hôtel ou par un
chef de cuisine.

La cuisinière vint. Madame lui ordonna de me prendre avec elle en aide,
et de me montrer l'état de la casserole.

Cette cuisinière était une bonne grosse
réjouie, bien plus avenante et plus ac-
commodante que la femme de chambre,
et elle me traita beaucoup mieux ; aussi
je m'attachai à elle, et je fis dans la cuisine des progrès encore plus rapides que
dans le peigne. Pour gagner ses bonnes
grâces, dans les momens où je n'étais
pas occupée à prendre des leçons aux

fourneaux, j'allais promener trois petits enfans qu'elle avait, et que madame lui permettait d'élever dans la maison, où le mari était portier. Ce qui me faisait le double emploi de bonne d'enfans, et d'aide de cuisine ; mais avec un peu de peine et beaucoup de complaisance, je me tirais assez bien des deux offices.

Au bout de quelque temps , un jour que la cuisinière était indisposée, et qu'elle crut pouvoir se reposer sur moi du soin de mener seule sa cuisine, elle resta couchée et me chargea du repas. Fière d'une preuve si honorable de sa confiance et du talent qu'elle me reconnaissait, je me mis hardiment à la besogne, en l'assurant qu'elle pouvait être tranquille. J'apprêtai donc et je servis le dîner.

Il est bien vrai de dire qu'on a des jours malheureux, ou que des malins génies se plaisent quelquefois à nous contrarier !...... Moi, qui avais déjà fait plusieurs excellens ragoûts, et régalé les domestiques de la maison, qui avaient toujours applaudi à mes différens essais..... je me blousai dans cette occasion, la plus importante pour mon honneur ! Je ne sais comment tout s'arrangea, mais tout alla de travers, et l'on ne put rien manger de ce que j'avais servi.

La cuisinière appelée et bien grondée, s'excusa sur moi, et me fit venir pour avouer que j'avais tout apprêté. Ce qui me fit le plus mauvais jeu encore, c'est que l'abbé que j'avais brûlé avec le fer à papillote, était aussi à ce dîner-là. Il ne me pardonna pas plus le tour perfide que j'avais joué, disait-il, à son estomac friand, que le mal que j'avais fait à sa main délicate; et ses premiers mots furent que je l'avais fait exprès.

« Comment, me dit madame, vous » êtes donc aussi habile en cuisine qu'en » coiffure ? Votre soupe est si âcre de » sel, qu'on n'y peut pas toucher. Elle » prend à la gorge, dit l'abbé, mais en

» revanche cette compote de pigeons
» est d'un fade à dégoûter.

» Ma chère dame ! c'est une distrac-
» tion de ma part, et tout le monde peut
» en avoir, même monsieur l'abbé......
» J'avais, comme de raison, salé mon
» pot une première fois, et en voulant
» mettre du sel dans la compote, par
» erreur je l'ai mis dans la marmite, au
» lieu de le jeter dans la casserole. Ça
» fait que l'un a de trop ce que l'autre
» n'a pas assez, mais j'en ai bien mis
» pour tous les deux.

» Mais, ma fille, reprit la dame, ce
» n'est pas là une excuse, ce n'est au
» contraire qu'une double preuve de
» votre étourderie.

» Et votre rôti, dit encore l'abbé, qui
» est tout brûlé d'un côté, et qui n'est
» pas cuit de l'autre ?.....

» Oh ! ça, monsieur l'abbé, ça se peut
» bien. Mais c'est que pendant que
» j'étais à lire un joli livre de calem-
» bourgs, que vous avez laissé l'autre

» jour ici, le poids du tourne-broche
» avait tombé, et la broche ne pouvait
» plus tourner. Eh, ma fille, reprit-il
» avec colère, il fallait la tourner vous-
» même, plutôt que de vous amuser à
» lire..... Et votre fricassée de poulets,
» dont le diable ne tâterait pas, car la
» sauce est tournée et fait mal au cœur,
» est-ce encore un des fruits de votre
» lecture ?

» Oh! ça n'est pas de ma faute, ça, par
» exemple ; c'est que l'œuf avec quoi
» j'ai fait la liaison, s'est trouvé gâté et
» couvé..... Miséricorde ! miséricorde !
» s'écria l'abbé, en se levant de table et
» faisant des simagrées pour vomir,
» cette fille-là, madame, est capable de
» nous empoisonner tous. Je crains
» même qu'il n'y ait du vert-de-gris dans
» ses casseroles....

» O ciel ! vous m'effrayez, dit la dame
» en se levant de même, et me regar-
» dant avec indignation..... vous êtes
» une imbécille, une ahurie..... une

I.

» fille dangereuse, à qui on ne peut rien
» confier...... bref, vous n'êtes bonne à
» rien qu'à retourner dans votre cam-
» pagne pour y conduire des vaches ou
» des moutons. Je vais faire écrire à
» votre mère, qu'elle vienne vous recher-
» cher bien vîte et vous remmener ».

Le méchant et rancuneux abbé rappela encore une remoulade où, par distraction toujours, j'avais mis trop de
moutarde. Ça lui causait des picote-
mens, le faisait tousser, et ça l'empê-
cherait de chanter le soir des couplets
nouveaux de sa composition, à un souper
délicieux où il était invité...... Enfin,
tout le monde m'accusant, et personne
ne me défendant, je fus condamnée
tout d'une voix et dégradée de toutes
mes fonctions.

« Par humanité, me dit la maîtresse, je
» consens à ce que vous restiez dans mon
» hôtel jusqu'à ce que votre mère soit
» arrivée ; mais que je ne vous voie plus,
» et sur-tout ne vous mêlez de rien ici...

Me voilà donc doublement cassée aux gages, et comme coiffeuse, et comme cuisinière. Je me retirai en pleurant, sans trop savoir ce que j'allais devenir dans cet hôtel, où tous les domestiques me regardaient avec d'autant plus de mépris alors, que j'étais déchue, qu'ils avaient eu d'autant plus de jalousie contre moi dans les premiers momens où madame paraissait m'honorer de sa faveur. (Encore une leçon générale dont on peut tirer parti. C'est qu'en tout temps la conduite des inférieurs envers vous, est un thermomètre qui varie suivant le plus ou le moins d'égards que les supérieurs vous témoignent).

La cuisinière cependant me dit que je trouverais toujours mon dîner et mon souper à l'office, mais à condition que je continuerais à promener ses enfans ; ce qui me devint d'autant plus insipide, que n'ayant plus rien à faire à la cuisine, elle exigeait que je les eusse toute la journée sur les bras....... et elle en avait trois !.... et ils étaient méchans et mal-propres !....... Ah ! la vilaine occupation, et que je rechignai de fois pendant trois jours que j'en fus chargée !....

L'après-midi de la troisième journée de ce déchet de mes premiers emplois, je promenais ces trois marmots, ou pour mieux dire, je les portais et les traînais dans la place royale, aux environs de laquelle était l'hôtel de ma madame, et je murmurais de tout mon cœur, et tout haut, contre ma destinée et contre ces enfans qui criaient, contrariaient, et me tourmentaient sans cesse, et dont un, que j'avais sur moi, venait de gâter mon jupon.... lorsque je fus accostée par une dame d'un certain âge, et fort bien mise, qui vint s'asseoir sur le banc où j'étais déjà seule avec ces trois petits êtres insupportables.

« C'est un état bien pénible et bien
» ennuyeux pour une jeune demoiselle,
» me dit-elle avec douceur, que de
» soigner les enfans ! Oh ! oui, ma-

» dame, répondis-je tout de suite, et
» bien mal-propre, encore ! — Il est vrai.
» Cela périt toutes vos hardes, et c'est
» encore un surcroît de fatigue pour vous
» de les laver !..... Sont-ce vos petits
» frères et sœurs ? — Oh, mon dieu non,
» madame ! ils ne me sont rien du tout.
» Ce sont les enfans d'une cuisinière
» d'une maison d'où je vais sortir. — Ah !
» je vous le conseille bien. Vous n'êtes
» pas faite pour vous borner à une con-
» dition si désagréable, et si vous vou-
» lez, je vous en procurerai une bien
» plus douce. Au lieu de promener, et
» de porter, et de bercer, et de nettoyer
» ainsi des enfans, vous vous promè-
» nerez vous-même toute seule avec
» moi, et mieux mise que vous n'êtes
» là !..... Vous êtes servante, à ce qu'il
» paraît, et chez moi vous seriez de-
» moiselle de compagnie.

» Ah ! ciel, ma chère dame, je ne
» suis pas assez heureuse pour qu'un
» bonheur comme celui-là m'arrive !....

» — Pourquoi donc pas ? Il ne faut ja-
» mais se défier de son étoile, le bon-
» heur vient quelquefois au moment
» qu'on y pense le moins, et il ne tient
» qu'à vous que ce moment soit le vôtre.
» Demeurez - vous loin ? — Non, ma-
» dame. Voilà l'hôtel de ma maîtresse
» au bout de cette place. — Eh bien,
» puisque vous dites que vous voulez
» en sortir, reportez-y vîte ces enfans;
» faites-vous faire votre compte, et re-
» venez me trouver à ce même endroit.
» Votre figure me revient, je m'inté-
» resse à vous, et sans autre recom-
» mandation, je vous emmènerai et je
» vous rendrai heureuse ».

J'eus peine à revenir de l'extase où
me jeta une offre si flatteuse ; et sans la
vue de tout le monde qui se promenait
sous les arbres qui bordaient la place,
je me serais jetée aux pieds de cette
bienfaisante dame pour la remercier.

J'étais désolée avant, en pensant à
l'humeur que ma mère aurait contre moi,

pour m'être fait renvoyer par ma première protectrice, et je pensais alors
avec ravissement combien elle serait
flattée, en me voyant en même temps
rentrée dans une bien meilleure condition. J'acceptai donc avec empresse-
ment la proposition de ma nouvelle
bienfaitrice, et remenai les enfans, en
l'assurant que j'allais la rejoindre au
plutôt. En effet, je n'avais aucun compte
à régler à l'hôtel, n'ayant fait aucun
arrangement avec la maîtresse. Je ne
parlai donc qu'à la cuisinière, à qui je
dis d'un air assez fier (parce qu'elle
me demandait elle-même d'un ton de
supériorité et de reproche, pourquoi je
m'avisais de ramener ses enfans une
heure plutôt qu'elle ne m'avait dit),
« que je me trouvais fatiguée de les
» porter et de les essuyer ; qu'elle ne
» me donnait pas de gages pour cela ;
» que dorénavant elle pouvait faire cette
» besogne-là elle-même, ou chercher
» d'autre promeneuse que moi..... et

» enfin, qu'il y avait d'autre hôtel
» dans Paris que celui de sa maîtresse,
» et que puisque madame ne voulait
» plus m'y garder, j'en savais où l'on
» me trouverait bonne à quelque chose,
» et où je ne serais pas réduite à porter
» les enfans d'une cuisinière ».

Cette réplique cavalière la mit dans une colère furieuse........ Je la laissai pester après moi, et je m'en fus retrouver la bonne dame qui m'attendait sur le même banc où je l'avais quittée. Nous partîmes ensemble ; elle prit un fiacre au bout de la place, et nous arrivâmes chez elle.

Mais, ma nièce, notre lampe va finir, ta robe avance, et tu l'achèveras demain pendant que je te continuerai mon histoire. Couchons-nous.

Nous nous couchâmes donc, et bonne nuit au lecteur.

CHAPITRE XIX.

Qui était cette bonne dame. Ce qui arriva
chez elle à ma tante.

Le lendemain matin je fus hâtive à me
lever, et je priai ma tante de reprendre
son aventure avec cette dame nouvelle.

Sitôt, me dit-elle, que nous fûmes
arrivées à son logis, elle m'embrassa
affectueusement, en m'assurant que
c'était ma bonne étoile qui me l'avait
fait rencontrer, et que je ne tarderais pas
à m'en féliciter; ensuite me raillant sur
la mesquinerie de mon déshabillé, qui
pourtant n'était pas trop chétif, sauf que,
fort décent pour une fille de service, il
n'avait pas l'élégance des ajustemens
d'une petite-maîtresse..... Appuyant sur-
tout sur la souillure de l'ordure de ces
enfans que j'avais portés, elle me dit
qu'elle voulait me vêtir autrement,

II.   K

et des pieds à la tête...... Là-dessus elle étala devant moi des déshabillés et des robes dignes de parer les demoiselles les plus huppées, et me montrant une baignoire qu'elle venait de faire remplir, elle me dit de me dépouiller de toutes ces vilenies qui salissaient mon corps, et de me bien laver, pour me coucher ensuite après souper dans un bon lit, où je dormirais la nuit et le lendemain toute la grasse matinée, pour me refaire des fatigues que j'avais éprouvées dans ma dernière condition.

Sans attendre ma réponse, elle m'aida elle-même à me déshabiller, et me fit mille complimens sur la beauté de mon corps et la régularité de ses proportions, (car, sans vanité, ma nièce, je puis dire qu'étant jeune, j'étais au moins aussi bien faite que toi, et si les peintres m'avaient connue dans ce temps-là....)

« Je le crois bien, lui dis-je, ma tante, » et même vous en avez encore de » beaux restes. — Oh! non, je suis mai-

» gre à présent, et un peu voûtée ; mais
» dame, à mon âge tu ne me vaudras
» peut-être pas ; et alors j'étais droite
» comme un jonc, et dodue comme une
» caille..... et les hommes aiment ça.

» Oui, mais, repris-je, il n'y avait
» pas d'homme là. Vous m'avez dit, je
» crois, que vous étiez seule avec votre
» maîtresse ? — Oh ! c'est vrai, mais tu
» sauras bientôt pourquoi je fais cette
» remarque-là ».

Cette dame me fit donc mille caresses , m'examina très-scrupuleusement
dans tous les sens, tant en me lavant
et me frottant, qu'en m'essuyant après,
et me demanda si je n'avais jamais vu
d'hommes.

« Pardonnez-moi , madame, beau-
» coup, même. — Comment, beaucoup !
» — Oh oui. D'abord presque tous ceux
» de mon village, et puis quelques-
» uns sur la route, et encore pas mal
» depuis que je suis à Paris. — C'est
» singulier, je vous croyais novice ; il

» n'y paroît pourtant pas. — Eh mais,
» dame, est-ce qu'il doit y paroître,
» donc ? On a beau en voir, ça ne dé-
» range pas la vue, peut-être. — Mais,
» ma chère fille, entendons – nous.
» Qu'appelez-vous donc voir des hom-
» mes ? — Eh mais, ma bonne dame,
» en les regardant. — Quoi ! ce n'est
» donc qu'avec les yeux que vous avez
» vu tout ce monde-là ? — Eh, mon
» Dieu ! est – ce qu'on peut voir avec
» autre chose ? — Oh ! que tu es
» donc simple, mon enfant, reprit-
» elle, en m'embrassant de nouveau ;
» je le disais bien aussi en t'examinant,
» et certes, je m'y connais !.... Allons,
» allons, tant mieux !... Tu n'as jamais
» couché avec aucun homme, donc ?....
» — Pardonnez–moi, madame. — Oh,
» oh ! voilà qui devient plus sérieux :
» comment, est–ce que je m'y serais
» trompée ?.... Explique-moi donc bien
» ça, car il faut que je sache au juste
» à quoi m'en tenir ».

Là-dessus, je lui racontai mon aventure avec le prétendu cousin qui m'avait rencontrée en chemin : elle en rit beaucoup, et sur-tout du *je ne sais quoi* qui m'avait tant fait de peur et de mal en me repoussant ; et, après m'avoir fait à ce sujet quelques questions auxquelles je répondis avec toute l'innocence et l'ignorance que j'avais véritablement, elle parut encore plus enchantée.

« Ma chère amie, me dit-elle, en
» m'enveloppant d'une grande gaule de
» mousseline, te voilà assez vêtue pour
» venir souper, et ta toilette sera toute
» faite pour te coucher. Demain je t'ar-
» rangerai de manière que tu ne te re-
» connaîtras pas toi-même, et qu'on
» te prendra pour une princesse........
» d'opéra. Je ne veux pas te flatter :
» quoique tu ayes de la fraîcheur, ta
» figure n'est pas extrêmement jolie ;
» et ce n'est pas là ce qui m'a préve-
» nue d'abord pour toi.... mais, comme
» j'ai du coup d'œil, j'ai deviné ta

» taille à travers tes habits mal faits,
» et je vois avec satisfaction que j'ai
» bien jugé : tu as un corps superbe ».
(Effectivement, j'avais encore beaucoup profité et grandi durant près de
huit mois que j'avais passés chez ma
première maîtresse). « Et c'est un avan-
» tage pour lequel tu ne seras pas
» moins recherchée qu'une autre qui
» n'aurait qu'un beau minois. Ne t'in-
» quiète pas : je te réponds de ta for-
» tune ».

Elle me répéta tous ces complimens
et ces propos pendant le souper, sans
que je comprisse rien à ce qu'elle voulait
me dire.... Mais, flattée de ses caresses, et sur - tout de la bonne chère
qu'elle me fit faire, et du ton amical
qu'elle avait avec moi, car rien ne sen-
tait la maîtresse, de son côté, ni ne
me faisait souvenir, du mien, que j'étais
servante, je soupai très-agréablement,
et me couchai ensuite dans un bon lit,
où je me reposai très-délicieusement,

et où je rêvai même que j'étais deve-
nue duchesse.

Le lendemain, sur les dix ou onze
heures, madame entra dans ma chambre, et me fit apporter, par la servante,
une tasse de chocolat que je pris dans
mon lit; ce qui pensa me faire croire
que mon rêve de la nuit se réalisait,
et que j'étais vraiment un personnage
d'importance...... car il est surprenant
et incroyable comme les plus vilaines
histoires ont quelquefois de beaux com-
mencemens !......

Je voulais me lever, mais elle m'o-
bligea à rester au lit, ce qui, disait-
elle, me rafraîchirait davantage. Malgré ses bontés, la modestie et l'humi-
lité qui convenaient à ma pauvreté, me
portant conseil à travers les suggestions
de la paresse, qui me disait de profiter
de ce bien-être, qui s'offrait si rare-
ment dans l'état de servitude où je me
croyais cependant toujours, je dis à madame que je me ferais scrupule d'abu-

ser de sa complaisance, et que, si
bonne que voulût être une *maîtresse*
pour un premier jour, une *domestique*
ne devait pas s'oublier au point de se
méconnaître.

« Qu'appelles-tu, *domestique* et *maî-*
» *tresse ?....* Eh, ma chère enfant, tu
» oublies donc que je t'ai dit que tu
» serais *demoiselle de compagnie?* Je
» ne t'ai prise que sur ce pied-là, et
» jamais tu n'auras d'autre service à
» faire, chez moi, que celui du plaisir
» et de la fortune ».

Tous ces discours me paraissant des
énigmes, je ne savais que répondre.

« Repose-toi encore, me dit-elle,
» j'attends quelqu'un de très comme il
» faut qui doit venir dîner avec nous,
» et dont je veux te faire faire la con-
» naissance. Je viendrai t'avertir quand
» il sera l'heure de faire ta toilette, et
» tu verras bientôt que tu ne seras pas
» fâchée d'avoir quitté ton hôtel pour
» ma maison ».

Elle sortit de ma chambre en refermant les rideaux qui garnissaient l'alcove de mon lit.

Dame ! je croyais rêver encore , et dans la crainte de voir tout changer à mon réveil , je refermai les yeux pour tâcher de prolonger ce beau songe , puisque jamais je n'avais été si fortunée étant bien éveillée.

Je fis donc un nouveau somme , et vraiment je sentais , par cette épreuve agréable , que je prenais cependant pour une illusion , qu'il était très-facile de s'accoutumer au bien.

Il y avait peut - être trois ou quatre heures que je dormais, pour ma seconde reprise , lorsque madame , ma maîtresse, ma bonne amie... (car je ne savais plus comment l'appeler , vu les noms affectueux qu'elle me donnait elle-même , de sa *chère enfant* , de *son cœur*, de sa *petite poule !*.......) rentra dans ma chambre et me réveilla........ et déjà , preuve de cette habitude que l'on prend à ce qui flatte, je ne me gênai presque plus avec elle.....

« Allons, vîte, mon ange, il est trois » heures; on va dîner. Reprends encore » un petit bain, et nous nous mettrons » à table ».

Elle me fit sortir du lit, m'enleva ma blouse, me mit dans la baignoire, et sortit.

Je commençais à prendre du goût à tous ces rafinemens utiles et sains pour le corps, et inventés par la volupté. Je me lavais avec plus de plaisir que la veille; je me regardais même avec un certain amour propre, produit par les complimens que cette bonne amie m'avait faits, en me disant que la beauté de mon corps suppléait celle de ma figure.... dont effectivement je n'étais pas si contente; et, en m'essuyant ensuite, je me contemplais avec satisfaction devant une glace.... lorsque j'entendis la voix de ma maîtresse, qui disait :

« Hem ! comment la trouvez-vous ? »

Et de suite une voix d'homme qui ré-
pondait : « Admirable , en vérité : je
» n'ai guères vu de plus beau corps de
» femme ».

En tournant les yeux du côté d'où
venaient ces voix , je vis un petit pan-
neau de porte vitrée , qui donnait sur
ma chambre, et dont on avait levé, pour
me regarder , le rideau , qui retomba
à l'instant. Confuse , et pour me cacher, je me replongeai dans la baignoire,
où je serais restée jusqu'au soir , si madame n'était venue m'en retirer et me
faire reprendre ma gaule , pour aller dîner, en me disant que j'étais une enfant , une visionnaire , que j'avais apparemment rêvé cela.... et qu'au surplus, si la chose était véritable , je n'aurais que sujet de m'en louer , puisque
cette vue-là ne pouvait être qu'à mon
avantage.

Je me laissai persuader et conduire
à table. Je trouvai dans la salle à manger un monsieur en perruque , assez

vieux, long, sec, des jambes de fu-
seaux, une figure platte, en manière
de singe ; un grand cou de travers, et
une forte bosse entre les deux épaules,
mais tout galonné, qui me fit mille
complimens. Je pensai, malgré son ga-
lon, que ce n'était pas là le quelqu'un
comme il faut qu'on attendait, car il
me paraissait tout juste comme il ne
fallait pas être......

La bonne dame me présenta à lui,
comme sa nièce, en le priant d'excu-
ser, si je me montrais en si simple né-
gligé, mais qu'elle n'avait pas voulu que
le temps de ma toilette retardât l'heure
de son dîner. Le bossu galonné affirma,
en me baisant la main, qu'il attrapa
je ne sais comment, car je ne la lui
avançai surement pas.... que, telle que
j'étais, il me trouverait le morceau le
plus appétissant du repas, et se plaça
entre ma soi-disant tante et moi, car
c'était à une petite table ronde, et nous
n'étions que nous trois.

Pendant tout le dîner, il me dit les choses les plus obligeantes, à ce qu'il crut, et moi aussi... et nous nous trompions tous deux....

Il m'engagea à être bien complaisante pour cette bonne tante..... (qui venait de m'agréger si bénignement dans sa famille... ce qui mé rappela bientôt l'autre parent, qui m'avait voulu encousiner auparavant......) à bien faire tout ce qu'elle me recommanderait, et m'assura que si je me *prêtais à ses vues obligeantes*, elle me rendrait heureuse, que lui-même se chargerait de contribuer à ma fortune.

Tout cela était fort clair, si j'avais su l'entendre, mais ça me passait encore..... je m'aperçus seulement qu'il glissait, à cette nouvelle parente, une bourse de louis qu'elle empocha très-bien ; puis il se leva de table en me disant que je le reverrais bientôt, et sortit....

La dame alors me dit qu'il était temps

de faire ma toilette, pour aller au spectacle, et me donna une chemise blan-
che, et de la plus grande finesse, pour
l'aller passer en place de celle de nuit,
qu'elle m'avait laissée. Je retournai donc
à ma chambre pour faire cette opération; mais, avant d'y procéder, j'eus
l'attention de regarder à la porte vitrée,
par laquelle j'avais été ou cru être aper-
çue avant le dîner, et l'ayant cou-
verte, de mon côté, avec une ser-
viette, je me dépouillai sans inquié-
tude.

Mais quelle fut ma surprise et ma
frayeur !..... Je n'eus pas plutôt quitté
ma chemise, que je vis sortir de derrière un double rideau de mon lit, ce
même bossu galonné, qui s'était intro-
duit par une porte dérobée....

Il se précipita sur moi, me saisit
toute nue entre ses bras, et se prépa-
rait à me faire des horreurs, car je
sentais déjà un même repoussoir comme
avec mon faux cousin....... Je me dé-

battis de toutes mes forces et me mis
à crier au voleur ! à l'assassin !..... A
ces cris , ma tante postiche , qui ne
valait pas mieux que cet autre cousin-
là , sortit aussi de dessous le même
rideau.

Je crus que sa présence en impose-
rait à l'effronté qui m'outrageait , et
qu'elle allait le mettre à la porte ; mais
je fus interdite et anéantie lorsque je
l'entendis, au contraire, me dire que j'é-
tais une petite mal-honnête , une idiote
indigne de ses bontés...... qu'il ne me
convenait pas de me refuser à l'honneur que ce galant homme voulait me
faire ; et que , si je voulais parvenir à
un bien-être , je devais bénir cette occasion , puisque ce généreux protecteur
me faisait déjà présent de dix louis d'or
pour commencer ma fortune , qui ne
tarderait pas à aller grand train, pour
peu que je fusse raisonnable et complaisante............. car c'était toujours
là le point capital , selon eux...........

et elle m'étala les dix louis sur une table.

« Ah , madame ! lui dis-je, je n'ai pas
» d'ambition pour la fortune ; je n'en
» ai que pour conserver ma sagesse ,
» comme ma mère me l'a recommandé.
» Je remercie monsieur de ses louis ; et,
» sans savoir comment vous voulez que
» je les gagne , je crois bien que ce n'est
» pas là une manière honnête ».

J'étais toujours nue entre ces deux décentes personnes , qui me retenaient chacune par une main , tandis que le vieux libertin me caressait malgré moi, de l'autre.

« Ma chère dame , repris-je encore,
» en pleurant et me prosternant devant
» elle , au nom de Dieu , laissez-moi
» aller ! laissez-moi me rhabiller avec
» mes mauvais vêtemens , et je vais sor-
» tir de chez vous. J'aime encore mieux
» promener et laver des enfans , que de
» gagner comme ça des louis ....

» Oh bien , ma bonne !.... dit alors

» le bossu à la dame, je n'ai pas pré-
» tendu venir ici à un assaut, moi ! et
» si la belle ne se prête pas de bonne
» volonté, il n'y a rien de fait, et no-
» tre marché est nul....... Je reprends
» d'abord ces dix louis - là qu'elle re-
» fuse, et vous n'avez qu'à me rendre
» les cinquante que je viens de vous
» donner.

» Les rendre !..... s'écria la dame en
» fureur, perdre comme ça soixante
» louis d'or par l'entêtement d'une pe-
» tite guenon !........... d'une malheu-
» reuse laidron, qui n'est bonne qu'à
» barbotter dans les crottes de la
» rue ! »......

(Note, ma nièce, qu'il n'y avait
plus ni d'ange ni de petite poule).

« J'aimerais mieux l'attacher aux pieds
» du lit......... Non, non, mon cher
» monsieur, je veux qu'elle gagne
» votre argent, ou je vais l'équiper,
» moi ! »......

En même temps, elle tira d'une ar-

D.

moire un gros et fort martinet, dont elle commença à m'appliquer plusieurs coups sur les fesses et sur les épaules.... la douleur me fit pousser de nouveaux cris....

« Misérable ! me dit-elle, en me pre-
» nant à la gorge, si tu souffles seu-
» lement, je vais t'étrangler » ! Et vraiment elle m'ôtait la respiration.

Mais, le vieux paillard, qui n'avait pas autant d'envie d'employer si désa-gréablement ses louis qu'elle en avait de les garder, lui dit : « Non, non,
» ce n'est pas là mon compte, décidez-
» la, si vous pouvez, à se prêter de bonne
» grâce, mais je ne donne pas soixante
» louis pour faire étrangler une fille et
» jouir d'une morte » !......... Et il me lâcha.

« Eh bien, petite sotte, petite in-
» grate ! qui reconnais si mal le bien
» que je t'ai déjà fait et celui que je
» te voulais faire encore, choisis donc,
». ou de contenter tout-à-l'heure mon-

» sieur, ou de décamper de chez moi toute nue comme te voilà » !

En disant cela, elle me lâcha aussi, pour renfermer toutes mes hardes dans un tiroir. Je profitai bien vîte de ce moment de liberté pour me sauver dessous le lit, afin de me dérober du moins aux regards de l'homme..... et de là je conjurai cette méchante femme de me jeter par pitié quelques vieux haillons pour me couvrir....... Mais cette cruelle mégère, enragée de ce qu'elle appelait mon obstination, et sur — tout de s'entendre redemander les cinquante louis par l'autre, avança sous le lit, et me lançait, à tour de bras, des coups de martinet pour me faire sortir......... Enfin, voyant que je m'enfonçais toujours davantage, et qu'elle ne pouvait plus m'atteindre, elle eut la barbarie de prendre un grand manche à balai, dont elle me bourrait impitoyablement la tête, la gorge, le ventre, et par-tout indistinctement où elle pouvait m'attraper.

Je poussais des hurlemens affreux, et la maudite femme, s'animant de plus en plus, à mesure, aurait infailliblement fini par me tuer sous ce lit, si un bruit effrayant ne s'était fait entendre à la porte, où l'on frappait à coups redoublés, car elle l'avait fermée, et mis même la clef dans sa poche, ne voulant pas, disait-elle, que, ni l'homme ni moi, nous puissions sortir que l'affaire ne fût consommée.

Sur ses refus d'ouvrir, on enfonça, et nous vîmes entrer un commissaire, quatre soldats du guet, et ma mère avec eux.

Rassurée par sa présence, et songeant plutôt à me sauver, qu'à l'état d'indécence dans lequel je me trouvais, je sortis vivement de dessous le lit et me précipitai dans ses bras, toute nue, toute meurtrie et ensanglantée, en m'écriant :

« Ah, ma bonne mère, sauvez votre » pauvre fille » !

'A cet aspect, tous les survénans fré-
mirent d'indignation; l'homme galonné
resta sot et confus, et la scélérate fut
pétrifiée....

Il faut t'expliquer ici, ma nièce, comment et pourquoi tout le monde venait
là....... Tu te rappelles que je t'ai dit
qu'en quittant la cuisinière, après lui
avoir remené ses enfans, j'avais pris
avec elle un petit ton de hauteur, en
lui disant que j'avais trouvé une meilleure condition. Cette femme, piquée
et curieuse, m'avait fait suivre par un
petit commissionnaire de l'hôtel, et avait
appris, par son rapport, que j'étais
chez une entremetteuse. Ma mère étant
arrivée le lendemain, sur la lettre de
la dame, la cuisinière lui avait annoncé
mon escapade, en l'animant contre moi
pour le vilain métier qu'elle conclut que
j'allais faire dans cette maison, et lui
avait conseillé d'avertir un commissaire
pour m'en faire enlever d'autorité. Ma
mère n'avait pas perdu de temps, et

était survenue , comme tu vois , bien
à propos..... car c'est comme un bonheur dans notre famille , qu'on arrive
toujours à temps pour empêcher le mal...
et je te suis déjà venue aussi quelquefois bien à point nommé , ma nièce !
témoin la seringue d'Anodin , la broche
de monsieur de Lafleur , et le jeu des
clercs du procureur... J'allais dire aussi
les pinceaux des peintres... mais sainte
Suzanne veillait sur toi dans ce moment – là !....... Revenons à notre histoire.

Ma pauvre mère ne se possédait plus ,
et jetait les hauts cris en me voyant
dans un état si pitoyable. Elle commença par m'envelopper dans son tablier , pendant que je racontai au commissaire , qui me somma de faire ma
déposition , toute mon aventure avec
cette abominable femme , depuis notre
rencontre , la veille , jusqu'au moment
actuel.

Il lui ordonna d'abord de me rendre

mes vêtemens, et sitôt que je fus rhabil-
lée, il m'envoya avec ma mère, dans un
fiacre qui fut pris aux dépens de la coupable, pour me conduire chez un chirurgien, où je serais traitée à ses frais
aussi. Pour elle, il la fit mener en prison, ainsi que l'homme aux soixante
louis, en me disant que, lorsque je
serais en état, je serais appelée pour
comparoir aux interrogatoires du procès criminel qu'il allait faire instruire
contr'eux; et que, pour récompense
de ma vertu, j'obtiendrais de bons dé-
dommagemens.

Ainsi se termina cette scène horrible.
Je fus bien guérie chez le chirurgien,
où ma mère fut logée et nourrie avec
moi aux dépens de la suborneuse, et
nous retournâmes ensemble à notre village, avec la copie du jugement, qui
attestait ma sagesse et ma conduite honorable, vingt-cinq louis qu'on m'avait
fait payer par la femme, comme amende
et réparation; et vingt-cinq autres que

le bossu, que cette aventure avait re-
tiré du vice, et qui avait fait des réflexions sur ma vertueuse résistance,
y ajouta de lui-même, en gratification,
en me faisant prier de lui pardonner
le tort qu'il avait eu dans cette malheureuse affaire.

———

CHAPITRE XX.

Dispute au sujet de la robe. Ma tante se décide à quitter Paris.

JE convins avec ma tante que le début de ses aventures avait été plus cruel que le peu qui m'était arrivé à moi jusqu'à ce moment, et que je priais bien le ciel de ne jamais me faire rencontrer dans des positions si dangereuses.

Ma robe étant achevée, je la reportai à la voisine, qui, en me louant de ma diligence, me promit de me redonner d'autre ouvrage le lendemain, en me payant celui-là, après qu'elle allait l'avoir livré à la dame qui l'avait commandé. Ce lendemain était aussi le jour convenu pour ma seconde séance chez le peintre, de sorte que nous nous couchâmes, ma tante et moi, avec l'espérance la plus flatteuse sur la

II.　　　　　　　　　　　　M

belle recette que j'allais faire des deux côtés.

Le jour venu, nous nous levâmes de bonne heure toutes deux, ma tante pour faire du café (car, à la manière dont il paraissait que j'allais être employée, nous ne devions plus nous refuser rien), et moi, pour faire une toilette un peu plus soignée en l'honneur de sainte Suzanne, que j'allais figurer encore.

Ma tante me fit prendre un petit bain dans notre baquet à lessive, et mettre mon déshabillé des dimanches, qu'elle avait savonné et repassé exprès.

Notre déjeûner pris, nous allions partir, lorsque la couturière entra chez nous. Je pensai que c'était de l'argent qu'elle nous apportait, et le nouvel ouvrage qu'elle m'avait promis ; mais elle me dit simplement, d'un air de très-mauvaise humeur, de descendre chez elle et de venir recevoir des complimens pour mon beau travail.

« Qu'est-ce que c'est ? dit ma tante,
» ma nièce travaille bien, entendez-
» vous, madame ? Je réponds de sa
» couture, moi, et on peut lui en faire
» des complimens ; mais je défie et je
» défends qu'on lui en fasse des repro-
» ches....... Au surplus, je vais aussi
» descendre avec vous, et je verrai
» qui sont les difficiles qui n'en sont
» pas contens ».

Nous trouvâmes une petite femme,
aigre, maigre, une épaule plus haute
que l'autre, point de gorge ni de han-
ches, des bras secs et longs, et qui,
malgré tous ces défauts, avait la pré-
tention de jouer la merveilleuse. Elle
avait commandé cette robe sur une
mode toute nouvelle, mais sans donner de mesure ; et comme elle était
au lit quand on avait été chez elle,
sur l'invitation de sa cousine, que la
couturière habillait aussi, elle avait dit,
par amour propre, de la faire comme
pour cette cousine, parce qu'elles étaient

à peu près de même taille.... Or, il s'en fallait du tout , car la cousine était vraiment fort bien faite...... La dame bistournée , empressée d'avoir cette robe pour une fête où elle voulait se trouver ce jour-là , était venue elle-même pour hâter la couturière , qui avait proposé de la lui essayer tout de suite ; mais elle lui allait , comme on dit vulgairement , *comme des mitaines à un cochon.*

Notre orgueilleuse , qui en ordonnant comme pour sa cousine , ou n'avait pas pensé aux défauts réels de son corps , ou avait cru peut-être qu'une robe bien faite les ferait disparaître , au lieu de songer que l'étui doit toujours être modelé sur la forme qu'il doit envelopper, fut scandalisée et irritée de voir que cette robe ne lui allait pas du tout , et ne la faisait au contraire paraître que plus mal bâtie. Elle s'emporta contre la couturière ; celle-ci se rejeta sur ce qu'elle l'avait bien taillée juste sur la mesure de la cousine ; mais que, si elle trouvait à critiquer sur la couture, elle s'en prît à l'ouvrière, et elle m'avait fait descendre.

Nous ne vîmes pas plutôt cette bambine éclopée et contre-faite, qui se démenait dans cette robe en jurant et grimaçant devant un miroir, que je dis tout bas à ma tante : « Ah, ciel ! c'est » une bossue !.... Ça me rappelle le vô- » tre, et voilà une histoire qui tournera » mal encore contre moi » !...

Sitôt qu'elle nous aperçut, elle nous cria avec une voix aussi désagréable que sa taille : « Ah ! c'est donc vous, » belles ouvrières manquées, qui tra- » vaillez dans ce goût-là, et qui gâtez » les étoffes qu'on a la duperie de vous » confier » ?

« Qu'y trouvez-vous donc à redire, » madame ?..... lui répondit ma tante, » avec un flegme philosophique qui m'é- » tonna de sa part, la connaissant très- » vive. Ma nièce n'a rien taillé ; elle

M.

» n'a fait que coudre les morceaux
» qu'on lui a donnés, et ils sont bien
» cousus, j'en suis caution.

» Mais j'y trouve à redire que ça ne
» me va pas du tout. — Je le vois bien,
» madame ; mais de qui est-ce la faute ?
» — Eh mais ! certainement c'est de
» l'ouvrière. Vous voyez bien vous-même
» que, par-derrière, elle me serre au
» point de m'étouffer, et par-devant,
» voilà un vide qui fait une poche
» tout à fait de mauvais grâce.... et à
» fourrer je ne sais quoi dedans. —
» Oh ! je le sais bien, moi, madame,
» à fourrer ce que vous n'avez pas.....
» et c'est doublement votre faute. Vous
» avez fait couper votre robe sur celle
» de votre cousine (car la couturière
» venait de nous le dire); elle est faite
» comme on doit l'être, apparemment,
» cette cousine-là ; et vous, vous sor-
» tez de la forme ordinaire ; au lieu
» d'avoir la gorge par-devant, vous la
» portez sur le dos ; ça fait un contre-

» sens, dans la coupe, que vous auriez
» pu éviter. Il fallait faire prendre me-
» sure sur votre corps, ou au moins
» l'annoncer tel qu'il est ; on aurait
» tenu le devant plat, et laissé la place
» de la gorge par-derrière ; alors ça
» vous aurait été tout juste ».

« Comment, insolentes ! mal-adroi-
» tes ! voleuses ! reprit la merveilleuse
» à l'envers, non contentes de m'avoir
» perdu mon étoffe, vous avez encore
» l'audace de m'insulter ? — Pas du
» tout, ma belle dame, dit ma tante,
» toujours avec son sang-froid piquant,
» c'est vous qui vous fâchez et nous
» insultez mal-à-propos. Nous ne som-
» mes ni insolentes, ni mal-adroites, ni
» voleuses, mais vous êtes bien bossue
» par-derrière et plate par-devant ; et
» si vous voulez plaider contre nous,
» nous demanderons qu'on vous fasse
» cadrer avec la mesure que vous avez
» donnée ; vous verrez qu'il n'y a pas
» un tribunal qui puisse vous faire pas-

» ser sur l'estomac l'enflure que vous
» avez sur le dos ».

Plus ma tante avait raison, plus la *bamboche* se fâchait contre nous. Outrée de colère, elle finit par s'en aller en disant à la couturière qu'elle lui ferait payer cette robe, qu'elle laissait, sur les façons que sa cousine lui redevait d'ancien, et qu'elle n'aurait plus la pratique ni de l'une ni de l'autre.

A ma part, j'en fus donc, moi, pour mon travail, qui ne me fut pas payé, et je me vis obligée de renoncer aux autres ouvrages que la couturière m'avait promis. Je remontai avec ma tante, en nous consolant par la douce expectative des deux louis que j'allais gagner chez le peintre, et en promettant bien de ne plus être couturière pour des bossues.

J'achevai ma toilette, qui avait été interrompue par cet entr'acte de la robe, et ma tante, transportée en me regardant, me disait : « Va, va, ma chère

» nièce, moquons-nous de ce petit
» échec-là ; ça n'est pas une grande
» perte ; et belle comme te voilà, ce
» serait du temps de perdu de travailler
» à la couture. Deux jours et presque
» deux nuits pour gagner six malheu-
» reux francs qu'on nous vole après !....
» tandis que tu vas avoir deux louis en
» deux heures..... encore, qui est-ce
» qui sait ?..... Le peintre ne t'a pas
» vue avec ce déshabillé-là, et il t'en
» donnera peut-être trois aujourd'hui.
» — Eh, ma bonne tante, repris-je,
» vous savez bien que ce n'est pas mon
» déshabillé qu'il paye ni qu'il peint.
» — Ah ! c'est vrai, dit-elle, sainte
» Suzanne n'avait rien de ses couturiè-
» res dans ce moment-là....

» Mais, mon enfant, je fais une ré-
» flexion, moi....... Puisque ce brave
» homme-là ne veut te tirer, comme il
» dit, qu'en sainte Suzanne, il a bien
» des confrères, habiles gens comme
» lui..... un autre pourrait te tirer en

» sainte Geneviève , qui est ma pa-
» tronne, à moi.... Un autre en Ma-
» deleine pécheresse; un autre en Ma-
» deleine pénitente. ; un autre en.........
» un autre en............ enfin ce qu'il
» voudrait....... il y a tant de saintes
» à choisir !...... Et si tu pouvais être
» employée comme ça seulement la va-
» leur d'une semaine par mois, ces séan-
» ces — là nous rendraient plus qu'une
» boutique de marchande de modes....
» et sans risquer de mise de fonds , en-
» core , ce qui est bien essentiel !.....
» Allons toujours chez ce premier-là ;
» c'est une bonne idée qui m'est venue,
» et nous verrons peut-être à la réa-
» liser ».

Nous allions partir , quand ma tante
reçut deux lettres ; nous nous arrêtâmes
pour les lire. La première était ano-
nyme et contenait un avis important ,
qui nous était donné , disait-on , par
un homme qui nous voulait du bien à
toutes deux. Il nous prévenait que le

prieur des Carmes, qu'elle avait enlevé par son lavement d'air inflammable, bien revenu de cet accident, mais furieux du scandale que son vol et sa posture indécente avaient occasionné, intentait à ma tante un procès-criminel et religionnaire..... et que, d'autre part, le procureur chez qui j'avais été cuisinière, avait rendu de même plainte contre moi, pour complicité dans le vol, effraction et dilapidation de ses propriétés par ses clercs, et où ma tante était aussi impliquée. Il ajoutait qu'on était à notre recherche, et que les ordres étaient donnés pour nous appréhender au corps.

Cette lettre nous brouilla la cervelle à toutes deux. Nous lûmes cependant bien vîte l'autre.

Elle venait d'un vieux curé chez qui ma tante avait déjà servi pendant quelque temps, avec qui elle entretenait encore une certaine correspondance..... Il lui marquait que, sa gouvernante étant morte, il la recevrait de préférence à toute autre, si elle voulait aller la remplacer.

Ma bonne tante, croyant déjà voir à ses trousses et aux miennes, et les sbires de l'inquisition pour le prieur des Carmes, et les recors du Châtelet pour le procureur, calculant de plus que sa seringue ni ma couture ne pouvaient plus rien nous rapporter, se détermina subitement à profiter de l'occasion favorable que lui offrait le bon curé.

Dans ce moment, monsieur de Lafleur arriva. Il remarqua aisément notre trouble, nous en demanda la cause, et l'ayant appris de moi, qui babillais toujours plus que ma tante, il s'empressa de saisir la circonstance pour nous offrir le seul moyen qui, disait-il, dépendait de lui, et pouvait nous mettre toutes deux à couvert du danger.

C'était que ma tante partît sur-le-champ, par une voiture avec laquelle il allait la conduire lui-même à une campagne à deux lieues, chez un fermier de ses amis, où elle resterait cachée tant qu'elle voudrait, parce que c'était elle qui risquait le plus, d'autant que la rancune des gens d'église ou de religion était bien plus tenace et dangereuse que celle des autres; et pour moi, ajoutait-il, je pouvais me tenir tranquille et assurée dans la chambre qu'il avait déjà offert de me louer, parce qu'il gagnerait son maître, monsieur l'abbé, qui assoupirait l'affaire du procureur, peut-être même aussi celle du prieur des Carmes.... et qu'ensuite nous irions la rejoindre, ou que nous la rappellerions auprès de nous.

Ma tante, qui était déjà déterminée, mais qui avait appris à juger les intentions des hommes...... qui, en outre, était fine et impénétrable quand elle voulait l'être, remercia beaucoup monsieur de Lafleur de l'intérêt qu'il prenait à nous; lui dit qu'elle était très-sensible à cette preuve de son attachement pour moi, qu'elle l'acceptait, et qu'il n'avait qu'à aller louer sa chambre, et revenir me prendre sur les deux heures de l'après midi, pour m'y conduire avec la même voiture qui la mènerait ensuite chez ce fermier son ami....... Il partit donc sur cette belle invitation, et nous assura qu'il serait exact à l'heure juste.

Mais ma tante avait son but, et elle avait deviné le sien, qui était de me tenir seule à sa disposition.

Effectivement, elle le jugeait bien, car nous sûmes depuis que c'était lui qui, pour nous faire jeter dans ses bras, en profitant de notre épouvante, nous avait envoyé cette lettre supposée, qui nous prévenait faussement de ces deux procès criminels, qu'on ne pensait seulement pas à nous faire.

En conséquence, il ne fut pas plutôt hors de chez nous, que ma tante sortit elle-même, après m'avoir enfermée à double tour, sans m'expliquer son projet.

Elle revint bientôt avec un pantalon de coutil, un gilet et une veste, qu'elle me fit revêtir au lieu de mon habillement de fille, et me mit un petit chapeau rond sur la tête. Ensuite, je vis entrer un fripier marchand de meubles, à qui elle vendit tout son ménage, et jusqu'à mes hardes..... Elle lui donna en même temps la quittance de son terme, qui était payé d'avance, lui laissa la clef de sa chambre pour la remettre au propriétaire de la maison, quand il aurait fait son déménagement, et elle me fit descendre avec elle, en me chargeant d'un petit paquet contenant sa seringue et quelque peu de nipes à son usage ; car, pour moi, changée maintenant de costume, je portais toute ma garde-robe sur mon corps.

Je la suivis sans dire un seul mot dans tout notre escalier, tant j'étais surprise et saisie de cette opération subite et de cette métamorphose à laquelle ma

tante m'avait obligée... mais la langue
me démangeait fort , et ma curiosité
ne pouvant résister à un silence plus
long que celui que j'avais gardé pendant six mortels étages, j'allais lui demander l'explication de cette énigme,
lorsque nous voyant dans la rue , elle
me fit arrêter dans une petite allée,
pour me la donner d'elle-même.

« Ma chère nièce , me dit-elle,
» tu vois, comme moi, d'après l'avis
» qu'on nous a fait parvenir dans la
» première lettre , que nous risque-
» rions trop à rester dans Paris........
» tu as vu aussi par la seconde , la res-
» source honnête que le ciel m'envoie
» pour nous mettre toutes deux à cou-
» vert des dangers qui nous menacent.
» Je me suis donc décidée prompte-
» ment à faire argent du peu que j'a-
» vais, et à partir pour aller chez ce
» bon curé que j'ai déjà servi...... et,
» tant pour éviter les aventures scan-
» daleuses qui pourraient t'arriver sur

» la route avec tes habillemens de fille
» (car nous allons à quinze lieues d'ici,
» au — dessus de Fontainebleau) , que
» pour pouvoir te faire rester avec moi
» chez ce bon curé , qui ne voudrait
» pas recevoir une jeune et jolie per—
» sonne , je t'ai vêtue en garçon , et
» je te présenterai comme mon neveu.

» Mais, ma tante, lui demandai-je,
» pourquoi donc avez-vous dit à mon-
» sieur de Lafleur de revenir nous pren-
» dre à deux heures ? — C'est justement
» pour qu'il ne te trouve pas.......... Tu
» commences à être raisonnable , et tu
» dois voir , aussi bien que moi, que ce
» monsieur de Lafleur n'est qu'une façon
» d'engeoleur; il voudrait te tenir toute
» seule dans une chambre, pour faire de
» toi à sa volonté, et, quand il en serait
» las , il t'abandonnerait , te laisserait
» malheureuse et déshonorée....... Va,
» va, mon enfant, ne le regrette pas.
» Je connais les hommes mieux que toi;
» j'ai vu du louche dans toute sa con—

N.

» duite, et je t'assure que s'il avait eu
» de bonnes intentions, il s'y serait pris
» différemment.

» Ma chère tante, lui répondis-je, je
» me ferai toujours un devoir de suivre
» vos sages conseils. Partons, allons
» à Fontainebleau, chez monsieur le
» curé »; et je lui pris le bras pour
marcher.

« Ecoute-moi encore », reprit-elle alors
en me regardant d'un air qui voulait dire
bien des choses......

« Suzon, est-ce que tu ne penses pas
» à sainte Suzanne ? — Comment ça, ma
» tante ? — Eh bien, oui, c'est aujour-
» d'hui que nous devions aller chez le
» peintre : la vente de mon petit mé-
» nage ne m'a pas rapporté lourd ; ton
» habillement en a encore écorniflé
» quelque chose, et quand on entre-
» prend un voyage, on n'a jamais trop
» d'argent....... Il y a deux louis là qui
» nous attendent chez ce peintre.........
» — Ah dame, ma tante, comment faire

» à présent pour lui donner une séance
» avec cet habit-là ? — Eh ! simple que
» tu es, souviens-toi donc, comme tu
» me l'as dit tout-à-l'heure, que ce n'est
» pas avec tes habits qu'il te tire , et
» sous tes vêtemens de garçon tu as
» toujours ton joli corps de fille.... Crois-
» moi, viens-y; deux heures sont bientôt
» passées , et ces deux louis-là de plus
» nous serviront bien : d'ailleurs c'est
» même un acte de dévotion que tu dois
» à ta patronne, dont le tableau, vois-tu,
» ne serait pas achevé sans cette séance-
» là. Surement elle nous récompensera
» de ça par sa protection pendant notre
» voyage. — Si vous le croyez, ma tante,
» allons donc chez le peintre...... Mais
» vraiment il me semble à présent que
» je serai plus honteuse pour débou-
» tonner des culottes , que pour laisser
» tomber une jupe. — Bon, bon!........
» enfance que tout ça ! tu verras que l'un
» n'est pas plus difficile que l'autre.
» Dépêchons-nous : voilà dix heures qui

» sonnent ; c'est juste le moment où il
» nous attend. Nous serons quittes à
» midi, et nous aurons encore deux
» heures d'avance sur monsieur de
» Lafleur ».

Nous allâmes donc chez le peintre,
qui ne fut pas peu surpris de me voir en
cet équipage ; mais qui, dit-il galamment, ne m'en trouva pas moins charmante. Bien plus même, il sembla que
mon corps, en sortant de cette enveloppe contradictoire, lui parut encore
plus attrayant, et fit sur lui plus d'effet
que la première fois, sous mes habits de
fille ; car ses transports préliminaires
furent bien plus vifs. Malgré la présence
de ma tante, il ne pouvait modérer
l'ardeur de ses baisers et de ses caresses.
La bonne Geneviève avait toutes les
peines du monde en le retenant à brasse
corps, en lui parlant honneur, vertu,
conscience.......... en lui rappelant la
chasteté de sainte Suzanne, que je devais
représenter à ses yeux, à lui persuader

de rester tranquille et de se renfermer
dans les bornes de son talent..... Ce ne
fut qu'en le menaçant de me remmener,
qu'elle parvint à le calmer....... d'autant
plus qu'elle y mit malignement une condition qu'elle n'avait pas envie de tenir;
ce fut que s'il était sage et modeste sur-
tout, qu'il ne fît pas venir tous ses jeunes
élèves pour me regarder et me faire
rougir, elle n'aurait pas de scrupule de
m'y laisser revenir une autre fois toute
seule; au lieu que s'il me tourmentait,
je n'y reviendrais plus, même avec elle.
Cette adroite et insidieuse promesse eut
tout l'effet qu'elle avait pu désirer. Le
peintre fut sage, la séance fut secrète
entre nous trois seulement, et nous partîmes avec nos deux louis, après avoir
accepté un autre rendez-vous où le pauvre peintre ne devait pas nous voir plus
exactes que monsieur de Lafleur, à celui
que nous lui avions donné pour deux
heures.

CHAPITRE XXI.

Nous nous embarquons dans le coche d'eau. Continuation des aventures de ma tante.

Nous marchâmes très-vîte jusqu'au port Saint-Paul, où nous entrâmes dans un coche d'eau qui devait nous mener jusqu'à Valvin, auprès de Fontainebleau.

Comme une fois assises là, nous n'avions plus rien à faire qu'à causer, et que nous ne voulions lier de société avec aucun des passagers, je priai ma tante de m'apprendre la suite des événemens de sa vie. Nous montâmes donc, à l'air, sur l'impériale du coche, et, nous étant placées à notre aise sur des ballots, elle continua ainsi :

Nous en sommes restées, ma nièce, au moment où je rétournai dans mon village avec ma mère, après l'heureuse issue de mon affaire avec la méchante femme qui avait voulu trafiquer mon honneur.

Nous fûmes reçues par tous les gens de notre endroit, avec beaucoup de caresses et d'amitié, et la copie du jugement que je fis afficher à la porte de l'église, ne servit pas peu à me donner encore plus de considération.

Comme tout ce qui m'était arrivé depuis mon départ et pendant mon séjour à Paris, m'avait un peu mûrie par les réflexions sérieuses que cela m'avait fait faire, je commençai, sans rien perdre cependant de ma gaieté naturelle, à être beaucoup moins folle qu'avant, et ma mère fut bien plus contente de moi dans les soirs du ménage et de son travail de blanchisseuse, où je l'aidais assidument.

Il y avait déjà quelque temps que je vivais ainsi fort tranquille, et ne pensant plus à mes premiers chagrins...... Un jour que nous étions allées laver assez loin du village, en remontant la rivière, pour trouver l'eau plus claire, ma mère, qui était retournée à la maison pour dîner, m'avait laissée seule à garder beaucoup de linge fin qui était étendu tout le long après des perches, pour sécher. Un homme mal intentionné, et qui avait médité ce coup-là d'avance, passa à cheval sur le chemin, puis se détournant tout-à-coup, il vint enfiler justement entre deux rangées des cordes de mon linge, et, toujours trottant, il enlevait de chaque main des pièces qu'il plaçait à mesure sur le cou de son cheval. Je me mis à crier, et à courir après lui à toutes jambes. Malheureusement j'étais trop loin du village pour être entendue, et personne ne passait sur cette route qui était peu fréquentée. Le voleur ayant fait son coup, mit son cheval au petit galop, et gagna du côté d'un petit bouquet de bois qu'on apercevait de là. Je le suivis toujours avec toute l'ardeur dont j'étais capable; mais, épuisée par la fatigue, je ne pouvais plus crier, et ma langue, desséchée dans ma bouche, ne pouvait, malgré mes efforts, prononcer aucun mot...... Sa course paraissant se ralentir par la lassitude de son cheval, et ne désespérant pas de l'atteindre dans ce bois, où, gêné par les arbres, il ne pourrait plus aller si vîte, j'y entrai après lui, tant la crainte d'être grondée par ma mère, et de la voir obligée de payer ce linge, m'ôtait la réflexion et la prudence !.....

A peine y fus-je un peu avancée, qu'il tourna bride précipitamment, et revenant sur moi au grand galop, il m'effraya; je tombai, il sauta à terre, et me saisit... « Ah! dit-il, je te tiens enfin! il y a » long-temps que je te guettais ».

Alors, me faisant envisager que toute résistance me devenait inutile, puisqu'il avait la force, et qu'il était décidé à se satisfaire à quelque prix que ce fût, il essaya à m'engager, par de belles promesses, à me prêter de bonne grâce à ses désirs.

Malgré l'horreur que m'inspiraient ses propositions, je ne pouvais plus crier, comme je te l'ai dit. A peine me restait-il la force de le conjurer tout bas, et en pleurant, de ne point abuser de ma faiblesse ; il ne m'écoutait pas, prenait toujours des libertés, et il n'y avait plus que le ciel qui pût me sauver de ce terrible danger.

Animé par les efforts que je lui opposais, il ne ménagea plus rien, et m'ayant traînée sur une petite pelouse de gazon, il m'y renversa, et m'assujétissait sous lui, les bras retournés sous mon dos, pour venir à bout de ses criminels desseins. Déjà il était prêt à me déshonorer....... lorsqu'en agitant, pour ma défense, les jambes et les pieds, qui me restaient encore libres, je fis, en frappant contre sa cuisse, partir la détente d'un pistolet qu'il avait dans la poche de côté de sa culotte, et dont le scélérat me voulait sans doute assassiner après avoir commis son crime...... et le coup porta sur lui si extraordinairement, que, sans le tuer, il le punit par où il voulait pécher, et le mit hors d'état d'exécuter son infame projet. Il tomba dans son sang. Je me relevai bien vîte; je sautai sur son cheval, et, ressortant du bois, je renfilai le chemin du village, où j'arrivai bientôt avec tout mon linge, que j'avais si heureusement recouvré.... et sans avoir rien perdu !...... Je fis ma déclaration par-devant le bailli, qui envoya au bois avec le cheval, sur lequel on ramena le coupable maître.

Il avoua tout, et même qu'il méritait sa punition. Ce n'était pas un voleur; c'était le fils d'un homme fort riche des environs, qui, ayant conçu pour moi une passion mal-honnête, avait imaginé ce moyen pour la satisfaire.

Le bailli voyant qu'il était assez puni, et que d'ailleurs je ne voulais pas poursuivre l'affaire contre lui, le laissa libre et maître d'aller se faire guérir.....

Mais le pauvre diable, sans aucune

procédure ni condamnation de la justice, perdit, à la suite de son pansement, les moyens de se rendre criminel une autre fois.

Quelque temps après, je lavais encore à la rivière ; le vent fit envoler à l'eau un beau fichu de mousseline brodée, et le courant l'entraînait. Je courus pour le rattraper ; mais je voyais avec chagrin que j'allais le perdre, car il prenait le tournant d'une petite île qui avançait jusqu'au milieu de la rivière..... lorsque je vis venir un bateau où il y avait un pêcheur qui allait justement de ce côté. Je le priai de me permettre d'y entrer, pour suivre mon mouchoir ; il y consentit, et je l'aidai à ramer jusqu'à l'île, où effectivement je le rattrapai, bien contente et remerciant bien le pêcheur de ce qu'il me sauvait une bonne savonnade de ma mère : mais, quand ensuite je le priai de me reconduire à terre, il ne voulut plus entendre de cette oreille-là. Il me dit que toute peine méritait

salaire, et qu'il voulait être payé. « Mais,
» mon cher monsieur, lui dis-je, je n'ai
» pas d'argent. Oh ! il n'en faut pas pour
» ce paiement-là, reprit-il ; voilà une
» petite île toute garnie d'herbes et de
» fleurs ; on n'y est vu de personne, et
» nous allons nous amuser là comme des
» jolis enfans que nous sommes ! Venez,
» ma belle amie, que je vous montre ça ».

Alors, pour m'ôter l'espérance de
retourner à terre sans l'avoir contenté,
il ferma la chaîne de son bateau sur un
pieu qui était à l'entrée de l'île.

« Allons, mon petit cœur », reprit-il
ensuite, en m'attrapant la main pour me
faire monter avec lui, « venez me payer;
» vous y gagnerez autant que moi, et
» vous conviendrez que les bons comptes
» font les bons amis ».

Voyant avec confusion et douleur que
j'étais encore prise de cette nouvelle
manière, et qu'il m'était inutile d'insister pour repasser avec son bateau, je
dissimulai pour me sauver de la violence

que ce brutal pouvait me faire, et lui dis, en affectant un air leste, que je ne demandais pas mieux........ qu'il montât devant moi pour me montrer le chemin, et que j'allais le suivre.

Il me crut et me lâcha, et soudain, quoique je ne susse pas nager, je me jetai à l'eau, toute habillée.

La providence me récompensa de la confiance que j'avais eue en elle ; car, au moment où je devais périr infailliblement, elle toucha le cœur de cet homme qui, effrayé du malheur dont il allait être la cause, détacha promptement son bateau, vint sur moi, me retira de l'eau, me reporta à terre , s'éloigna ensuite sans me dire un seul mot, et disparut bientôt.

Ces deux aventures, presque de suite, firent encore plus parler de moi dans le village , et j'y étais regardée avec intérêt par les jeunes gens, et admiration par les filles. Ma mère, qui était déjà âgée et affaiblie, sentant qu'elle avait besoin de repos, et jugeant, d'après tout cela, que j'étais véritablement une fille sur la sagesse de laquelle elle pouvait compter, me mit tout-à-fait à la tête de son travail, que je fis toute seule pendant à-peu-près deux ans....... au bout desquels la pauvre femme, qui dépérissait de jour en jour, eut une attaque de maladie un peu grave, qui l'emporta enfin, malgré tous les soins que je pris d'elle.

Me trouvant par sa mort maîtresse de moi et héritière de son avoir, qui n'était pas considérable, je me déterminai à renoncer à l'état de blanchisseuse, que je trouvais trop fatigant, trop désagréable, et sur-tout trop dangereux, depuis mon histoire du bois et celle de la petite île. Je vendis tous les baquets et ustensiles du métier, et je me fis ouvrière en linge. Ayant déjà beaucoup de disposition pour ce talent, j'eus bientôt des pratiques, et les personnes que j'avais blanchies avant, me donnèrent à coudre et à raccommoder.

Ce fut quelque temps après cela que m'arriva, avec monsieur Jasmin, l'histoire que je t'ai racontée devant monsieur de Lafleur. Quoique peu à mon aise, on me regardait dans notre village comme un parti assez avantageux, parce que j'étais toujours très-propre et arrangée, et parce que l'on connaissait en outre mon ardeur pour le travail, et ma sagesse, qui avait fait tant de bruit en différentes occasions ; j'étais donc fort recherchée. Mais les risques que j'avais courus avec les hommes, m'avaient prévenue contre l'espèce en général, de sorte que je n'en voulais écouter aucun. Ce fut même à ce sujet-là que le beau monsieur Jasmin avait formé le projet et fait la gageure de me réduire pour se faire une réputation...... et je t'ai dit comme il y avait réussi.

Pendant les premiers jours qui suivirent la punition de ce fourbe et avan-

tageux valet de chambre, il avait passé
par notre endroit une troupe de comé-
diens qui s'allaient rendre à une grande
ville. Le seigneur du village, qui pré-
parait des fêtes pour le mariage de sa
fille, retint les acteurs pour trois jours,
et ils jouèrent leurs meilleures pièces
dans le château, où tous les amateurs
purent assister *gratis*. Moi qui aimais
toujours beaucoup la gaieté et le plaisir,
je ne manquai pas une des trois repré-
sentations, et je m'y amusai infiniment.

Le directeur de la troupe ayant entendu parler du tour que j'avais joué à
monsieur Jasmin, car c'était encore
l'histoire du jour, me pria de la lui raconter moi-même. Je le fis volontiers,
et cet homme, après en avoir beaucoup
ri, me dit qu'il en ferait une comédie
(notez qu'il était auteur aussi), et qu'il
la jouerait dans la ville où il allait (car
il était acteur encore ! c'était un triple
moyen pour faire sa fortune..... ou pour
se ruiner).

« Mais, ajouta-t-il, en me faisant
» beaucoup de complimens sur la ma-
» nière naïve et piquante dont je lui
» avais fait mon récit, ce qui me cha-
» grine, c'est que je n'aurai pas pour
» jouer le rôle de la comédie une ac-
» trice aussi intéressante que celle qui
» l'a exécuté dans l'histoire véritable.
» Je donnerais beaucoup pour que vous
» fussiez de ma troupe, et que vous le
» rendissiez vous-même.

» Oh ! monsieur, dis-je, vous me
» flattez par politesse ; mais je n'aurais
» jamais assez de talent pour faire une
» comédienne. — Si fait. Je vous réponds
» même des plus grands succès. Vous
» avez tous les moyens qu'il faut pour
» cela. Vous êtes jeune, bien faite ;
» vous avez une belle prononciation,
» une jolie voix et du goût », car il m'a-
vait entendu chanter des couplets que
notre magister avait faits pour présenter
des bouquets à la jeune mariée..... « et
» vraiment vous feriez tout ce que vous

» voudriez dans cet état-là.... qui est,
» comme vous pouvez le voir, un peu
» au-dessus du vôtre de couturière,
» sans le mépriser ».

Moi qui avais vu les politesses, les prévenances même que le seigneur et toute sa famille avaient témoignées aux comédiennes de la troupe, je fus émerveillée de la supposition seule que je pourrais être leur égale, être habillée magnifiquement comme elles, et me voir ainsi louée et caressée par des seigneurs et des dames de condition qui me feraient manger à leur table.

Le directeur insista en me vantant et me détaillant tous les charmes de sa profession, où je gagnerais en outre, en un mois, plus qu'en un an dans mon métier.... Je faiblis bientôt, et enfin je me rendis avec d'autant plus de confiance qu'il avait sa femme, fort aimable, qui me caressait et me pressait beaucoup aussi, et je consentis à les suivre quand il m'eut, pour dernier moyen de persuasion, fait voir une malle entière pleine de belles robes et de beaux ajustemens qui ne serviraient, disait-il, qu'à moi, tant pour mes rôles de théâtre que pour m'habiller à la ville.

Ce fut un instant d'erreur, j'en conviens. Mais quelle est la jeune fille à qui la vue d'une superbe toilette n'a pas inspiré une fois un mouvement de faiblesse?

Je fis donc mes préparatifs. Je mis dans une petite malle qu'il m'envoya, tout ce que je pouvais avoir de linge et de bons effets, et ayant été l'attendre à une demi-lieue au-dessus du village, dont je partis sans dire adieu à personne, il me prit dans sa voiture, où sa femme était avec une autre actrice, habillées encore de leurs robes de théâtre, et leurs cheveux garnis de diamans faux, et je m'en fus en cette brillante et joyeuse compagnie, décidée à faire encore un nouvel apprentissage.

CHAPITRE XXII.

*Le coche s'engrave. Evénement pendant
la nuit.*

Un accident assez ordinaire dans les
coches d'eau, interrompit ici le récit de
ma tante. L'eau était basse, et par malheur ou par la mal-adresse du marinier,
qui n'avait pas bien dirigé son gouver-
nail, notre coche s'engrava sur le soir,
au point qu'on ne put pas le retirer.
Après deux heures de travail inutile, il
fut décidé qu'on passerait la nuit dans
cet endroit, à attendre le passage du
coche de retour du lendemain, dont
les chevaux joints aux nôtres, nous aide-
raient à nous relever. Heureusement
nous étions alors en face d'une espèce
de village où l'on voyait une auberge,
et où ceux qui voulurent sortir pour dé-
penser de l'argent, purent aller souper

et coucher. Ceux qui, plus ménagers, voulurent épargner, s'arrangèrent pour manger les petites provisions qu'ils avaient faites d'avance, et dormir dans le coche. Ma tante et moi nous fûmes de ce nombre-là.

Nous reluquâmes un certain coin près de la cabane qui servait de dépôt aux mariniers, où il y avait de la paille fraîche étalée, nous nous y installâmes sans obstacle, car dans ce moment les trois quarts des passagers étaient descendus à terre, ou pour y rester, ou pour y renouveler des provisions, et les mariniers pour rafraîchir, en buvant, leurs gosiers et leurs langues de tous les juremens que notre accident leur avait fait proférer énergiquement.

Après avoir fait un petit repas assez frugal avec du pain et du fromage, et détrempé cela de quelques verres d'eau de la rivière, nous nous endormîmes à côté l'une de l'autre sur cette paille.

Il est bon de dire ici que dans le nombre des voyageurs du coche, il y avait quelques moines de différens ordres, entr'autres un italien, comme j'en avais jugé par son accent, qui portait une besace, et allait apparemment pour quêter dans quelques endroits voisins. Il m'avait considérée toute la journée, et même adressé plusieurs fois la parole dans les momens de distraction ou d'absence de ma tante ; il m'avait aussi fait de ces caresses d'amitié qu'un homme d'âge se permet vis-à-vis d'un jeune homme, comme il me croyait être, flatté les joues et le menton, et donné de petits soufflets....... liberté dont je n'avais pas cru devoir paraître scandalisée, pour mieux soutenir l'apparence du sexe que mes vêtemens faisaient présumer.

Ce moine était bien descendu un instant pour aller quêter à l'auberge, mais il était rentré peu après dans le coche, s'était établi proche de nous, et

nous avait offert plusieurs fois, de bonne grâce, de partager les provisions de son bissac, qui était mieux fourni que le nôtre. Ma bonne tante avait accepté un morceau de saucisson qui, l'ayant altérée, l'avait déterminée ensuite à ne pas refuser quelques gorgées de bon vin, qu'elle avait bu à même une gourde que le révérend avait la précaution de remplir aussi dans toutes ses haltes...... puis nous ayant souhaité le bonsoir, il s'étendit et s'endormit près de notre paille, de mon côté.

Il est encore bon de savoir qu'il y avait une assez jeune et jolie fille, au maintien et à la conversation fort leste ; une façon d'ouvrière ou de servante qui allait chercher condition, et qu'un des mariniers avait beaucoup courtisée toute la journée. Il avait fini par s'entendre avec elle, l'avait engagée à venir se coucher, quand il serait nuit, dans cet endroit où nous étions, et c'était pour elle et pour lui qu'il avait étendu cette paille fraîche dont nous jouissions alors sans lui en savoir gré ; car nous ne sûmes ces détails-là que le lendemain.

Malgré cette convention faite avec lui, la demoiselle avait cru trouver mieux en la personne d'un jeune perruquier qui l'avait accostée depuis, et au moment de l'engravement du coche, elle était descendue pour aller souper et coucher avec lui à l'auberge ; de sorte que ne revenant pas, nous ne fûmes pas dérangées du lit de rencontre préparé pour elle.

Le marinier de même ayant été boire à terre avec ses camarades, en à-compte sur les produits de la générosité que les passagers devaient leur témoigner, suivant l'usage, en l'honneur de saint Nicolas, en avait pris une dose un peu forte, et n'étant revenu au coche que déjà à nuit close, et les yeux très-brouillés, ainsi que la tête, il s'étala à tâtons le long de ma bonne tante, qu'il supposait, d'après sa consigne donnée

P.

le matin à l'autre, ne pouvoir être que sa bien-aimée.

Nous dormions donc ainsi toutes les deux bien tranquillement, et sans rêver que des ennemis nous serraient de si près !......

Mon sommeil fut troublé, à moi la première. J'étais couchée le visage contre ma tante, et moitié de mon corps retournée du côté opposé. Je sentais quelque chose qui me tâtonnait et se promenait par-derrière, le long de mes cuisses, et qui se reposait particulièrement au bas de mon dos, comme pour en compasser et en mesurer la forme..... Je crus d'abord que c'était ma tante qui me caressait ainsi machinalement, et je ne dis rien pour la première fois. Je me rendormis même........ mais peu après, je fus réveillée de nouveau par des mouvemens plus forts qui me remuaient des deux côtés. Ma tante me repoussait par-devant, et par-derrière la ceinture de mon pantalon était défaite, et je sentais quelque chose de rude comme du crin, qui me picotait la chair. Je portai vivement la main à l'endroit molesté, et je saisis une barbe longue et dure que je supposais, à moitié endormie que j'étais encore, être la barbe d'une chèvre que j'avais vu rôder toute la journée dans le coche.

Au même moment, ma tante, qui se réveillait aussi, s'écria de toutes ses forces : « Ah ! chien ! au viol ! au viol »!.. et elle empoigna le marinier qui, la prenant pour sa favorite prétendue, la poussait amoureusement et fortement contre moi.....

Tout gris qu'il était, il reconnut, à la voix, qu'il y avait erreur dans son fait, et il voulait se retirer. Mais ma tante, indignée de l'attentat prémédité et entamé contre sa vertu, ne le lâcha pas, et serrant toujours fermement ce qu'elle tenait : « Non, non, tu ne m'échapperas » pas, criait-elle, impudique !.... qu'on » batte le briquet ; je veux connaître

» l'audacieux, le téméraire qui ose me
» manquer de respect à ce point ».

Quoiqu'alarmée moi – même par ces
cris de ma tante, je ne lâchai pas non
plus ce que je tenais, et je me mis à
faire *chorus*, en criant comme elle :
« Oui, vîte de la lumière ! on m'in-
» sulte aussi ».

Soudain tout le monde fut en l'air, et
un des passagers, qui fumait sa pipe à
un autre coin du coche, s'avança de
notre côté, en faisant flamber une allumette. On vit alors un double et singulier tableau ; moi, tenant un moine
par la barbe, à deux doigts de mon
postérieur ; et ma tante tenant le marinier par......... Le feu de l'allumette fut
court, et la vue de ce spectacle ne fut
pas assez prolongée pour pouvoir bien
reconnaître les personnages ; de sorte
que l'allumette éteinte, le marinier,
par un coup de pied, fit quitter prise
à ma tante : le moine m'en fit autant
par un coup de poing, et tous les deux,

profitant de l'obscurité, s'éloignèrent du champ de bataille, et se confondirent dans la foule des passagers qui riaient aux éclats..... et aucun des quatre acteurs ne fut même deviné.

Le premier transport de la colère de ma tante exhalé, elle réfléchit prudemment qu'il valait mieux ne pas ébruiter l'aventure, puisqu'aussi bien, nos témoins hors de nos mains, nous ne pouvions plus désigner les coupables......... d'autant que plusieurs moines, dans le coche, portaient des barbes comme celle qui m'avait chagrinée, et que tous les hommes devaient avoir l'auteur du manque de respect dont se plaignait ma tante...... Elle me dit donc tout bas de n'en plus parler, et de quitter aussi nos places, tant pour n'être pas reconnues non plus, que pour n'y pas être encore exposées à de nouvelles témérités de la part de ces enragés démons.......... Car c'est ainsi qu'elle les appelait.

Nous montâmes l'une après l'autre,

et sans bruit, sur le haut du coche, où, pour nous empêcher de dormir en attendant le jour, j'engageai ma tante à reprendre le fil de son histoire.

Fin de la seconde partie.

TABLE DES CHAPITRES

Contenus dans la seconde partie.